AF368568

La Bienheureuse

Jeanne d'Arc

Mgr Henri DEBOUT
Lauréat de l'Académie Française.

La Bienheureuse
Jeanne d'Arc

NOUVELLE VIE POPULAIRE

ILLUSTRÉE

PARIS

MAISON DE LA BONNE PRESSE

5, RUE BAYARD, 5

IMPRIMATUR

Parisiis, die 9 julii 1907.

E. THOMAS,
vic. gen.

LETTRE

DE S. G. Mᵍʳ L'ÉVÊQUE DE VANNES

A L'AUTEUR

ÉVÊCHÉ
DE
VANNES

Mon cher Ami,

Je ne puis qu'applaudir à l'idée que vous avez de publier une nouvelle vie populaire de Jeanne d'Arc.

Vous y étiez obligé par le succès qu'a obtenu votre premier ouvrage dont plus de cinquante mille exemplaires ont été répandus partout. Les encouragements de Léon XIII et les approbations de plus de quarante évêques suffisaient à dire l'opportunité et la valeur de votre livre.

Je suis assuré que votre nouveau travail l'emportera encore sur le précédent.

Jeanne d'Arc, on peut le dire, est la

passion de votre vie; vous ne cessez d'étudier cette figure incomparable de notre histoire.

Sur bien des points vous avez fait la lumière définitive dans les deux volumes publiés l'an dernier, que Pie X a accueillis par une lettre si paternelle et que l'Académie française vient de couronner.

Mais cette lumière ne doit pas rester la richesse des lettrés ; vous avez cru, et à bon droit, que le peuple lui-même devait en jouir, et c'est pour la lui communiquer que vous avez refondu votre vie populaire de Jeanne d'Arc.

On cherche, en effet, à tromper le peuple sur le rôle de Jeanne d'Arc comme sur toutes nos autres gloires. Il faut que les catholiques redressent les erreurs et éclairent les foules trompées. Vous y contribuerez, cher ami, et ce sera le grand service qu'aura rendu votre livre.

En même temps, vous ferez aimer de plus en plus votre grande héroïne, par là même vous la ferez prier et hâterez ainsi l'heure si vivement attendue de sa béatification. Puisse cette heure sonner bientôt! Avec vous, nous sommes tous convaincus qu'en montant sur les autels, pour y proclamer le Christ Jésus roi de la patrie française, Jeanne ramènera notre France à toutes ses traditions chrétiennes. Ce sera votre gloire et votre récompense d'y avoir ravaillé.

Croyez toujours, mon cher ami, à mes très dévoués et affectionnés sentiments en Notre-Seigneur.

✝ ALCIME,

évêque de Vannes.

Vannes, le 9 juin 1907.

PREMIÈRE PARTIE

INSPIREE ET ENVOYEE

CHAPITRE PREMIER

Domremy est un petit village coquettement assis sur les bords de la Meuse. Situé tout proche du duché de Lorraine, ce hameau appartenait donc à la frontière et faisait partie des Marches de Lorraine. Le souvenir de notre sainte et immortelle Libératrice remplit et anime tout entier le pays qui l'a vue naître; il a même transformé son nom, et Domremy-sur-Meuse est devenu Domremy-la-Pucelle.

Au xve siècle, le village rappelait sous plus d'un aspect celui qui existe encore de nos jours; les rues étaient bordées de maisons assez

pauvres pour la plupart, et l'humble sanctuaire
qui reçut les visites quotidiennes de Jeanne
d'Arc formait dans son ensemble le bâtiment
que nous visitons; la seule différence était dans
sa disposition.

Le cimetière entourait l'église; juste contre
la clôture du champ des morts s'adossait la
chaumière habitée par la famille d'Arc. La
modeste demeure en traversant les siècles n'a
guère changé; nous la revoyons à peu près
telle que l'ont connue les contemporains de la
Pucelle.

Le logis n'est pas grand : une pièce assez
vaste au large foyer, communiquant avec trois
autres plus restreintes, constitue le rez-de-
chaussée; sur toute cette surface s'étend un
grenier. A l'entour, des étables aujourd'hui
disparues et, derrière la maison, un jardin
séparé du cimetière par une haie vive ou une
muraille fruste.

Tel est le cadre où se déroulera l'enfance
miraculeuse de la grande héroïne française.

Le 6 janvier 1412, les habitants de Domremy
sont rentrés chez eux après avoir assisté aux
offices de la belle fête de l'Epiphanie. Soudain,
à chaque foyer, sans qu'aucun motif extérieur
ait pu y donner lieu, un souffle d'allégresse
pénètre dans les cœurs; étonnés, les bons villageois s'interrogent, ouvrent les portes, se
mettent sur le seuil de leurs chaumières, exa-
minent le firmament. C'est en vain : rien ne
leur révèle la cause du sentiment de bonheur
qu'ils éprouvent. Et voici que des êtres sans
raison eux-mêmes partagent cette exubérance;

MAISON DE JEANNE D'ARC A DOMREMY

les coqs dans les poulaillers battent des ailes et, pendant deux heures, font entendre leurs chants sonores et prolongés.

Que se passe-t-il donc?

On dit bien, en fait de nouvelles, que les d'Arc sont dans le ravissement parce que, sous leur toit, une fillette vient de naître. Mais quelle relation et surtout quelle proportion établir entre les deux événements? Nul ne songe même à les rapprocher.

Ce qui ne fut pas compris alors devait l'être un jour : une telle joie, en effet, n'est que le présage des transports de triomphe que cette enfant au berceau soulèvera plus tard en France; de longs siècles en seront les échos, car cette petite fille sera pour sa patrie agonisante une Libératrice vraiment incomparable.

Ses parents sont de braves paysans qui gagnent honnêtement leur vie en faisant valoir leur modeste culture. Jacques d'Arc et Isabelle Romée sont, de plus, des catholiques zélés : quelques-uns pensent même qu'Isabelle reçut le nom de Romée à cause de pèlerinages accomplis par elle ou quelque membre de sa famille dans la capitale du monde chrétien. Dieu a béni leur union en leur accordant trois fils, Jacquemin, Jean et Pierre.

Sitôt la naissance de la petite fille, on songea au baptême : quatre parrains et quatre marraines (l'usage du temps en admettait plusieurs), dont l'une était la femme du mayeur de Domremy, l'escortèrent à l'église : le nom de Jeannette lui fut donné.

Cependant l'enfant grandit, ses pas s'as-

surent et sa bouche articule les phrases que ses
parents et ses frères lui prononcent lentement.
Demande par demande, elle doit répéter *Notre
Père* et *Je vous salue, Marie*, comme un
peu plus tard elle redira, article par article,
le symbole des Apôtres. Isabelle s'efforce en
même temps d'inculquer à ce jeune cœur les
premiers éléments de la religion.

Dans les années qui suivirent sa Première
Communion, Jeannette était considérée comme
une petite fille modèle; sa bonté, sa douceur
et sa piété faisaient l'admiration générale et
lui conciliaient l'estime de tous. Elle aimait
l'église et s'y rendait chaque fois que sa mère
lui en laissait le loisir; on l'y voyait prosternée
devant le tabernacle, au pied du grand crucifix
ou des statues, tantôt les contemplant avec
amour, tantôt les yeux baissés vers la terre.
Assidue à la Sainte Messe, elle se confessait et
communiait souvent. Lorsque l'*Angelus* son-
nait, l'édifiante enfant se mettait à genoux en
quelque endroit qu'elle fût.

Certains souriaient parfois d'une dévotion
qu'ils trouvaient exagérée; Jeannette rougissait
alors, mais n'en continuait pas moins bravement ce qu'elle faisait pour Dieu.

A quelque distance de Domremy s'élevait
une chapelle où la Reine du ciel était vénérée
sous le vocable de Notre-Dame de Bermont :
la fillette se plaisait à la visiter, et presque
chaque samedi, accompagnée de Catherine, sa
sœur cadette, elle y brûlait des cierges et tres-
sait des couronnes dont elle parait la statue.

L'amour de Dieu mit en son âme l'amour

du prochain ; bienfaisante aux pauvres, elle faisait l'aumône suivant ses moyens, visitait et soignait les malades. Son jeune voisin, Simon Musnier, se rappelait encore avec attendrissement, longtemps après, les soins dont elle l'avait entouré durant une longue maladie. La généreuse enfant était hospitalière envers les voyageurs et leur procurait un gîte ; quand elle n'en trouvait pas, elle allait jusqu'à leur céder son lit, passant elle-même la nuit assise à l'âtre du foyer.

Il ne faudrait pas pourtant que ce tableau des vertus de Jeannette nous la fît entrevoir autrement que sous son véritable jour. Son existence à la maison paternelle ne différait guère de celle des fillettes de son âge ; active et courageuse, elle se livrait avec sa mère à tous les soins du ménage ; parfois aussi elle aidait bravement son père aux travaux des champs et gardait les troupeaux.

Après avoir bien besogné, notre héroïne était heureuse de retrouver ses compagnes : deux surtout sont ses préférées, c'est d'abord Mengette, sa voisine, et ensuite Hauviette, qui, plus jeune de trois ans, est inséparable de sa grande amie.

Jeannette se mêlait volontiers aux ébats des enfants de Domremy et les suivait gaiement dans leurs promenades champêtres. C'est ainsi qu'elle allait avec eux à la fontaine des Rains et à l'arbre des Dames, hêtre d'une beauté merveilleuse appelé encore le Beau-May, rendez-vous des fêtes de la jeunesse. Au dimanche de *Lœtare*, la bande joyeuse venait danser et

chanter autour de l'arbre ; la journée se clôtu-
rait près de la fontaine par un frugal repas
composé des provisions emportées. Jeannette,
pas plus que les autres, ne voyait de supers-
titions dans ces innocentes récréations, qui
n'avaient rien de commun avec les récits fan-
tastiques de quelques vieilles gens qui racon-
taient que l'arbre et la fontaine étaient hantés
par les fées. Souvent les seigneurs de Bour-
lémont se promenaient avec leur famille, sous
les frais ombrages du Beau-May ; le curé du
village accompagné de ses paroissiens venait
lui-même, chaque année, y chanter un évan-
gile.

A tous ces agréables divertissements, Jeannette préférait toutefois l'église et le travail ;
aussi son pasteur, Messire Guillaume Fronte,
déclarait-il souvent « qu'elle était une bonne
chrétienne, qu'il n'en avait jamais vu de meilleure et qu'il n'avait pas la pareille dans toute
sa paroisse ».

CHAPITRE II

PREMIÈRE APPARITION — JEANNETTE FAIT VŒU DE VIRGINITÉ — LA VISITE DE L'ARCHANGE SAINT MICHEL — LES DOULEURS NATIONALES — JEANNETTE LIBÉRATRICE — « PARS, VA EN FRANCE ! »

Une heure bénie entre toutes vient de sonner. Par un éclatant miracle, le ciel va intervenir en faveur de la France qui agonise et choisir pour l'instrument de ses miséricordes l'humble petite paysanne de Domremy.

C'est au début de l'été de 1424, Jeannette a donc douze ans; elle garde les brebis de son père dans un vaste pré, lorsque survient un jeune garçon qui lui crie de loin :

— Jeannette, rentrez à la maison, votre mère a besoin de vos services.

Sans prendre le temps de reconnaître son interlocuteur, elle s'empresse d'obéir. Cependant, Isabelle, qui ne l'avait point fait appeler, lui témoigne son étonnement de la revoir si tôt; la fillette quitte alors le seuil de la maison et s'avance dans le jardin où, avertie par le son de la cloche, elle récite l'*Angelus*. Le matin même, mue, sans doute, par une inspiration divine, elle avait jeûné. Tout à coup, du côté de l'église, une voix prononce distinctement son nom :

— Jeannette, Jeannette !

Et cette voix a quelque chose de si pénétrant, de si suave, que la petite fille est remuée jusqu'au fond du cœur. Elle cherche qui lui parle, mais à peine s'est-elle tournée vers le sanctuaire, qu'une grande clarté l'environne; peu à peu, elle s'habitue à l'éclat de la lumière et distingue une vision étincelante : c'est un personnage aux traits nobles et doux.

Autour de lui, toute une légion d'êtres aériens regardent avec tendresse la privilégiée du ciel. Et l'apparition répète :

— Jeannette, Jeannette, sois bonne et pieuse, aime Dieu, fréquente l'église!

En face de ce prodige, l'enfant a grand'peur; elle se laisse tomber sur les genoux; toutefois, un sentiment intime, surnaturel, l'envahit. Elle comprend que la Providence la réclame, que pour lui plaire elle doit renoncer à toute affection humaine, qu'il lui faut demeurer toujours libre, afin d'être prête à répondre au premier appel d'en haut. Prosternée là, dans le jardin de son père, elle se consacre totalement à Dieu par le vœu de virginité perpétuelle.

Mais tout a disparu ; Jeannette se relève, ignorant encore les desseins qui planent au-dessus d'elle. En ce moment, elle ne constate qu'une chose, c'est qu'elle se sent meilleure, plus attachée à Jésus, plus résolue au courageux accomplissement de son devoir, quel qu'il soit.

Le miracle se renouvela, laissant à la fillette la même impression de crainte, mais augmentant son désir d'être plus parfaite et de s'abandonner à l'action de la grâce. Une troisième fois, elle

JEANNE D'ARC CAUSANT AVEC SAINT MICHEL ET SES SAINTES

fut favorisée de l'étrange apparition et sut enfin, à ne pas s'y tromper, que les mystérieux personnages étaient les anges du Seigneur. Souvent elle les revit, se prit à les aimer, leur donna sa confiance, désira leur compagnie ; quand ils s'éloignaient, elle pleurait : elle eût voulu s'envoler avec eux et les suivre au Paradis.

Mais bientôt les célestes messagers, sûrs de sa foi et de son affection, lui révélèrent la volonté de Dieu et lui dévoilèrent sa mission. Un jour donc, le personnage qui s'était présenté le premier à son regard et qui commandait aux autres lui dit :

— Je suis Michel, le protecteur de la France.

Aussitôt l'enfant lui fit une profonde révérence.

L'archange continua :

— Il y a grande pitié au royaume de France.

Jeannette écoute cette voix avec respect et docilité ; il semble que chacun des mots qui résonnent à son oreille ait un écho jusqu'au fond de son âme. La parole du divin envoyé éveille en effet, au cœur de la fillette, le douloureux souvenir de tout ce qu'elle a entendu au foyer paternel sur la situation de son malheureux pays. L'ange lui-même lui révèle maintenant toute l'étendue des maux dont l'Anglais envahisseur accable notre patrie. Jeannette sut l'ambition farouche de l'ennemi national, l'ambition de posséder la France. Le regard de la voyante plana sur les champs de bataille, où la défaite humilia nos armées : Crécy, Poitiers, Azincourt lui montrèrent la patrie vaincue malgré l'héroïsme de ses enfants. Elle vit encore d'autres infortunes se dérouler sous ses yeux, un monarque fou, des princes ambitieux, des factions ardentes, des assassinats, des massacres, une reine préférant à son devoir les plaisirs et signant la déchéance de sa race. Tout cela, en effet, venait de s'abattre sur la France désolée ; par le traité de Troyes conclu en 1420, le royaume très chrétien passait au roi d'Angleterre ; le fils d'Henri V et de Catherine, fille du roi de France, devait réunir sur sa tête les couronnes des deux Etats.

L'année 1422 avait vu l'exécution de ce pacte honteux. Henri V et Charles VI étant morts l'un et l'autre, un petit enfant, Henri VI, héritier des Lancastre, avait été proclamé souverain de France et d'Angleterre ; en son nom le régent Bedford, son oncle, gouvernait presque tout notre pays, tandis que le fils de Charles VI, le dauphin, ne possédait qu'une faible partie du centre de son royaume ; les Anglais victorieux l'appelaient avec dérision « le roi de Bourges ». L'infortuné prince, entouré de favoris cupides, était timide, craintif, sans résolution ; dépouillé de la ville de Reims, où se conférait le sacre, à la tête d'une armée abattue par la défaite, sans ressources pécuniaires, il était impuissant à porter remède aux malheurs du pays.

Sur toute l'étendue du territoire, d'ailleurs, règne le plus abominable entassement de sacrilèges, de meurtres et de pillages. L'Eglise est oubliée, la croix abattue, Dieu blasphémé ; partout en un mot, ainsi que l'a dit l'archange, c'est « grande pitié au royaume de France ».

A mesure que la future héroïne pénètre mieux le sens profond de ces paroles, une immense tristesse envahit son âme; la généreuse enfant laisse couler d'abondantes larmes, mais l'apparition la console : Dieu, lui fait-elle comprendre, n'a pas abandonné la patrie, il l'agrée toujours pour être la bonne et chrétienne nation, gardienne et Fille aînée de la Sainte Église catholique, que les horreurs du grand schisme viennent de désoler. Et si l'ange de la Victoire est descendu du ciel, c'est afin d'annoncer le salut du pays éprouvé : c'est surtout pour préparer l'être mystérieux, instrument de la délivrance.

Cette révélation réjouit la jeune paysanne, elle remercie saint Michel et lui demande le nom du sauveur à venir. Alors le céleste messager, la regardant, lui dit d'une voix forte :

— C'est toi, fille de Dieu !..... Pars ! Va en France, il le faut.

La pauvrette se met à trembler, puis de nouveau à sangloter :

— Je suis une pauvre fille, répond-elle, je ne sais ni monter à cheval ni faire la guerre.

Et l'archange répète :

— Pars ! Va en France, il le faut.

Puis il disparaît.

L'enfant reste abattue, muette, ne voulant point douter, mais ne comprenant pas le choix du ciel.

L'explication du mystère, la voici : Dieu se lève et va combattre pour la nation qu'il aime, mais il n'entend pas qu'elle puisse méconnaître l'action d'En-Haut et s'attribuer l'honneur de la victoire. Voilà pourquoi l'instrument choisi n'est qu'une modeste petite villageoise qui ne sait ni diriger une armée, ni chevaucher, ni même « lire ou écrire ». Oui, se préparant à vaincre pour nous, c'est ce secours humainement dérisoire qu'il nous envoie, commandant par l'archange à l'enfant de Domremy : « Pars ! Va en France, il le faut ! »

CHAPITRE III

La stupéfiante révélation de l'archange avait de quoi glacer Jeanne d'effroi; aussi rien de plus naturel que l'aveu d'impuissance qui s'échappe de son cœur. Elle montre à saint Michel ses habits de paysanne, elle tend vers lui ses faibles bras et, lui présentant ses mains qui n'ont manié que la quenouille et le hoyau, elle répète en pleurant :

— Je ne suis qu'une pauvre fille, je ne connais ni *a* ni *b*, je ne sais ni monter à cheval ni faire la guerre.

Parole naïve et touchante qui révèle tout à la fois la faiblesse, l'ignorance, la simplicité de l'enfant. Néanmoins, Celui qui choisit les petits de ce monde pour confondre les forts s'emparera de cette frêle créature et, par son entremise, ressuscitera la nation française.

Auparavant, que de choses l'enfant n'a-t-elle pas à apprendre ? Puisque Dieu lui veut tant de savoir et que la terre est incapable de le lui donner, il emploiera pour l'instruire un moyen aussi extraordinaire que la vocation même de la jeune Lorraine.

Peu de temps après le jour où saint Michel avait révélé à Jeannette les desseins de la Providence, alors que de nouveau cette dernière protestait, en sa présence, et de sa docilité et de son impuissance, l'archange lui dit :

— Dieu a pourvu à ce qui te manque. Je conduirai vers toi deux Saintes. Ce sont les vierges Catherine et Marguerite. Notre-Seigneur les a chargées de te guider, tu n'auras qu'à suivre leurs conseils.

Jeannette remercia et, pleine de confiance, attendit. Bientôt, aux côtés de saint Michel, elle vit dans une céleste clarté deux ravissantes figures, portant au front de riches couronnes d'or posées sur leurs beaux cheveux ondulés. Regardant la fillette avec une bonté ineffable, elles la firent approcher, se nommèrent, l'embrassèrent tendrement, tandis que l'enfant, charmée de leur suave contact, leur pressait les mains et leur rendait, respectueuse et tremblante, leurs doux baisers.

Les maîtresses étaient bien choisies pour former celle qui devait soutenir tant de luttes, car elles-mêmes avaient, pour la gloire du Christ, affronté de rudes combats et remporté d'incomparables triomphes.

Désormais elles apparaîtront à leur élève plusieurs fois par semaine, multipliant les entretiens lorsqu'elles le jugeront nécessaire. Elles l'instruiront sur tout ce qui regarde sa mission, lui prodiguant, selon les circonstances, des avis, des conseils, de telle sorte que Jeannette dira volontiers en parlant d'elles « mon Conseil », comme elle les nommera aussi « mes

Voix », indiquant par là que, non seulement saint Michel et ses Saintes se rendent visibles, mais qu'elle entend réellement leur parole résonner à son oreille.

La vie de Jeannette à Domremy aura donc deux buts : l'un extérieur auquel du reste les divines messagères l'engagent à demeurer fidèle : c'est l'exécution parfaite de ses devoirs d'état, et l'autre intérieur et invisible : ce sera la formation miraculeuse qui la préparera à sauver sa patrie. Il y aura là déjà, pour la jeune fille, l'occasion permanente du plus dur sacrifice. En effet, quelle répugnance n'éprouvera-t-elle pas lorsque, après avoir entrevu un coin du ciel, il lui faudra retourner aux œuvres vulgaires de cette terre….. ; néanmoins l'humble paysanne sera toujours la première à l'œuvre et se fera à peine remarquer par un plus grand besoin de solitude.

L'enfant fut digne du choix de Dieu, son humilité ne se démentit jamais. Devenue la Voyante de la France, elle ne parla des prodiges opérés en elle qu'à son curé sous le sceau de la confession, et sa vie continua calme et paisible dans le labeur quotidien.

Aux ouvrages féminins elle était d'une habileté consommée, elle savait coudre et filer comme la meilleure ouvrière de France. Robuste et laborieuse, Jeanne contribuait donc largement au bonheur de la famille. Ses parents, voulant reconnaître sa docilité et ses services, lui offrirent un jour une jolie bague sur laquelle étaient gravés les noms de Jésus et de Marie.

Ce cadeau fut si agréable à la fillette qu'elle garda toujours au doigt cet anneau dont son âme angélique faisait sans doute le symbole de ses fiançailles avec le Christ-Roi.

Cependant, les Voix continuaient à se manifester fréquemment; lorsqu'elles apparaissaient, l'enfant leur faisait une profonde révérence et s'agenouillait devant elles. Tour à tour, les Saintes s'inclinaient vers leur protégée, déposant sur ses joues un tendre et chaud baiser; en effleurant leurs lèvres, Jeannette odorait un parfum si suave que la terre n'en connaît pas de semblable. La leçon commençait sans retard: tout ce que l'élève devait accomplir pour sauver la France était exposé et développé progressivement.

Les Saintes la poussaient à une piété toujours plus vive. Parfois même, elles pressaient leur petite protégée de s'approcher du tribunal de la Pénitence. L'obéissante Jeannette faisait ensuite de ferventes communions dans lesquelles le divin Epoux parachevait sa mystérieuse éducation.

Très dévote envers le Saint Sacrifice, elle ne manquait pas d'y assister lorsqu'on le célébrait dans le sanctuaire de Domremy. Pour tout dire en un mot, la pieuse enfant restait constamment unie à Jésus.

De plus en plus, nous allons l'admirer montant tous les degrés de la perfection, consommant les plus durs sacrifices, persévérant malgré les persécutions et les contradictions dans l'accomplissement de sa sublime mission, qui se terminera par le martyre.....

Devant un tel spectacle nul ne pourra nier la toute-puissante intervention du ciel, qui s'est servi d'un aussi frêle instrument pour réaliser de telles merveilles. Dieu seul, en effet, pouvait transformer une enfant du peuple, une petite ignorante en Libératrice nationale. Lui seul donc est le véritable sauveur de notre patrie.

CHAPITRE IV

La vie de Jeannette, toute de piété, de travail et de simplicité, se déroulait dans un cadre extérieur agité non seulement par le remous de la grande lutte anglo-française, mais encore par les querelles privées que vidaient entre eux les princes et les seigneurs des environs. La petite fille avait souvent entendu le récit des luttes meurtrières ; en diverses circonstances elle avait pu voir, de ses propres yeux, les horreurs de la guerre, car Domremy avait eu sa part de souffrance dans la crise terrible que traversait la nation.

Devant ces lugubres réalités, elle méditait avec une émotion plus intense encore ce que ses Voix lui disaient de la grande pitié du royaume de France.

Si les combats d'enfants ne sauraient être considérés comme faits de guerre, ils n'en éveillent pas moins une grande surexcitation chez ceux qui s'y livrent. Les garçons de Domremy étaient du parti de Charles VII, ceux de Maxey, le village voisin, se réclamaient des Bourguignons. Plus d'une fois, les deux bandes en vinrent aux mains, et bien que les coups ne fussent pas mortels, ils étaient assez sérieux pour que Jeannette vît ses petits compatriotes rentrer ensanglantés. Elle dut en être d'autant plus impressionnée que ses frères, selon toute vraisemblance, étaient parmi les combattants.

Vers 1425, des bruits sinistres agitèrent cette partie des Marches de Lorraine. Un corps ennemi approchait, disait-on, et détruisait tout sur son passage.

Les habitants de Domremy apprennent bientôt les excès commis dans les autres villages et se voient dans l'impossibilité de gagner Vaucouleurs dont la route est coupée; ils se dirigent alors, nombreux, vers Neufchâteau, emmenant leurs biens et leurs troupeaux. La famille d'Arc, et avec elle beaucoup d'autres réfugiés, trouva place dans une hôtellerie tenue par une bonne et brave femme nommée la Rousse. Tous attestent que Jeannette ne quitta pas ses parents pendant cette émigration. Durant la journée elle menait paître leurs troupeaux; le matin et le soir, avec le consentement paternel, la fillette reconnaissante était heureuse d'aider l'hôtesse charitable dans les soins du ménage.

Au bout de quatre jours environ on put regagner le village; hélas! les soudards avaient passé comme l'ouragan: les maisons et les étables étaient vides; l'église, brûlée en partie, ne pouvait servir au culte avant d'avoir subi d'importantes réparations.

Le seigneur de Domremy, Henri d'Ogévillers, obtint que le bétail volé fût restitué; Jeannette avec les autres s'en réjouit, mais une peine lui reste au cœur : chaque matin, en se rendant à Greux pour assister à la Sainte Messe, elle se signait, les larmes dans les yeux, devant le sanctuaire ravagé.

Toutefois, le secret de l'Envoyée de Dieu était bien gardé, le mystère de la confession tenait closes les lèvres de son curé ; nul ne se doutait des merveilleuses destinées révélées à l'enfant par ses Voix, lorsqu'un événement singulier vint prouver que le ciel voulait au moins en laisser transpirer quelque chose. Alors que rien n'avait encore éveillé la curiosité de Jacques d'Arc sur les communications célestes reçues par sa fille, l'excellent père eut un songe. Dans son sommeil, il aperçut, chevauchant au milieu des guerriers, une femme qui semblait leur donner des ordres, et, dans cette femme, Jacques reconnut sa chère Jeannette. Tout d'abord, il ne prit pas garde à cet incident : qu'y a-t-il de plus vain qu'un rêve ? Mais voici que plusieurs fois la même image se représenta à ses yeux ; or, à cette triste époque, les armées en campagne étaient presque toujours suivies de malheureuses créatures se livrant à la débauche..... Pouvait-il seulement entrer dans l'esprit du brave paysan que telle serait plus tard la destinée de sa Jeannette si pure et si bonne ? Cependant la douloureuse obsession revenait toujours. Un matin, plus préoccupé que de coutume, il avait raconté ce songe à Isabelle en ajoutant :

— Si j'étais sûr que ces choses dussent arriver, je dirais aux frères de Jeannette de la

ÉGLISE DE DOMREMY

noyer plutôt, et, s'ils ne voulaient obéir, je la noierais moi-même !

Cette seule phrase nous fait comprendre toutes les difficultés que la jeune fille allait rencontrer dans l'exécution des ordres de Dieu. Si son père, son propre père qui l'adorait, parce qu'il connaissait sa vertu, était en de pareilles dispositions, qu'allaient penser les étrangers auxquels un jour ou l'autre elle serait tenue de se révéler ?

Ce jour pourtant était proche. Les Voix, qui depuis quatre ans n'avaient cessé d'instruire leur élève, lui apprirent que l'heure du départ avait sonné et lui tracèrent le plan à suivre. Elles lui enjoignaient d'aller trouver Robert de Baudricourt, capitaine de Vaucouleurs, afin de lui demander une escorte pour se rendre auprès de Charles VII; elles l'avertissaient en même temps que cette première démarche échouerait.

Notre héroïne connaissait donc, mieux que personne, tous les obstacles qui allaient surgir devant elle, mais ses Saintes l'encourageaient, répétant sans cesse :

— Pars, Dieu te sera en aide !

Le 1er mai, celui qui devait être l'instrument de la Providence se présenta à la maison de Jeannette; il se nommait Durand Laxart, de Burey-le-Petit, et était le neveu d'Isabelle Romée; néanmoins, à cause de son âge, les enfants de Jacques d'Arc lui décernaient le titre d'oncle. Cet homme honnête et droit reçut à Domremy le plus cordial accueil et obtint la permission d'emmener sa nièce pour quelque temps. Le rayonnement surnaturel qui s'échap-

pait de la pieuse enfant s'exerçait sur ce parent
plus que sur tout autre, aussi avait-il à son
endroit une paternelle affection doublée d'un
vrai culte.

Tous deux partirent donc en un après-dîner
de printemps. Jeannette parlait peu, son regard semblait parfois se fixer sur des êtres
invisibles et, de temps en temps, ses lèvres
murmuraient une courte prière. Durand la con-
templait, n'osant l'interroger. La voyageuse
rompit enfin le silence pour parler de la guerre
anglo-française; s'enhardissant alors, elle se
lamenta sur les malheurs de la patrie avec de
tels accents que leurs larmes coulaient à tous
deux. L'Envoyée d'En-Haut redisait ce que ses
Voix lui avaient appris de « la grande pitié du
royaume de France ». Et soudain, relevant la
tête, elle ajouta :

— Mais rien n'est perdu encore, car Dieu
vient à notre secours, et notre beau pays que la
reine Isabeau a perdu, voici qu'une vierge de
ces contrées va le sauver..... La vierge des
Marches de Lorraine désignée par Dieu.....,
c'est votre pauvre Jeannette!

En proie à une stupeur profonde, Durand
considérait sa nièce. Son premier sentiment fut
un double effroi : cette jeune fille perd-elle la
raison, pensa-t-il, ou bien est-elle le jouet de
quelque esprit malin? Jeannette attendit, puis
lentement, pieusement, elle se mit à raconter
les apparitions de l'Archange et des Saintes,
l'enseignement qu'ils lui donnaient, leurs
ordres. Le paysan écoutait recueilli; tandis
que sa compagne s'exprimait, il admirait dans

ses paroles le reflet d'une véritable sainteté. La foi se formait dans son âme.

Quand elle eut fini son récit, Laxart enthousiasmé s'écria :

— C'est Dieu qui t'a parlé, ma fille, je veux obéir comme toi, que puis-je faire ?

— Me conduire à Robert de Baudricourt, capitaine de Vaucouleurs, afin qu'il m'envoie à Charles le dauphin.

— Je le ferai, répondit le digne homme.

Néanmoins, il ne s'illusionnait pas et sentait combien il serait difficile, sinon impossible, de décider le vieux guerrier à ajouter foi à des choses si invraisemblables.

Le lendemain ou l'un des jours suivants, Durand Laxart parvint, non sans peine, jusqu'au capitaine. Au détail des apparitions, Robert haussa les épaules ; il laissa à peine à son interlocuteur le temps d'achever son récit. Ce dernier eut beau rendre hommage à la vertu exemplaire de Jeannette, donner au chevalier pour preuve de la vérité de ses dires que l'enfant saurait le reconnaître au milieu de ses soldats sans l'avoir jamais vu :

— Ta nièce est folle, dit-il, soufflette-la comme il le faut et ramène-la à son père !

Cependant, Durand ne se découragea pas et obtint enfin une audience pour sa protégée. Robert de Baudricourt était entouré de ses hommes d'armes ; Jeannette, que ses Voix inspiraient, alla droit vers lui et le salua en disant :

— Je viens afin de porter secours au dauphin. Ce n'est pas à Charles qu'appartient le

royaume de France, mais à mon Seigneur.
Mon Seigneur veut que le dauphin devienne
roi et tienne ce royaume en commande. Oui,
en dépit de ses ennemis, il sera roi et c'est moi
qui le conduirai au sacre!

— Quel est ton Seigneur? interrogea Robert.

— C'est le Roi du ciel!

Toute la raison d'être de la mission de
l'héroïne est contenue dans ces paroles. Si
Baudricourt veut s'en pénétrer, il sera plus
utile au roi que s'il lui fournissait la plus belle
armée et les plus riches trésors. Néanmoins, il
reste insensible, cette fois encore, et la vierge
lorraine se retire à Domremy où elle reprend
sa vie laborieuse.

CHAPITRE V

Baudricourt, à prendre les choses au simple point de vue des événements de ce monde, avait-il eu raison de repousser Jeannette? A part la rudesse de ses formes, nous ne saurions le blâmer.

Que penser, en effet, d'une enfant de seize ans qui veut s'en aller combattre à l'armée, sinon que le sain jugement lui fait défaut? Que penser d'une paysanne qui se prétend en relations avec le ciel et désignée pour relever un trône abattu, sinon qu'elle est complètement folle?

Pour obtenir créance, il faut que cette jeune fille apporte la preuve de ses assertions : jusqu'alors elle ne l'a pas donnée. Le sire de Baudricourt, représentant de Charles VII pour la région, n'avait réellement pas le droit de compromettre le prestige de l'autorité royale en devenant le complice d'une aussi étrange aventure, et lorsqu'il infligea à sa visiteuse ce affront immérité le gentilhomme accomplit son devoir.

Cependant, le silence commence à peser à

Jeannette; ses Voix, d'ailleurs, ne lui imposent plus une aussi complète réserve : le moment n'est-il pas venu d'avertir Jacques et Isabelle de son prochain départ? Anxieuse, elle interroge son Conseil qui la laisse libre de parler ou de se taire; la pauvre enfant, ne sachant se résoudre à prévenir elle-même ses chers parents, adopte le dernier parti.

Il était opportun, toutefois, que plusieurs fussent initiés aux promesses célestes, afin qu'assistant ensuite à l'accomplissement des merveilles annoncées, quelques témoins pussent attester l'esprit de prophétie qui animait l'élue de Dieu. C'est pour cette raison sans doute que le 23 juin 1428 elle dit à Michel Lebuin cette parole d'espérance relativement aux malheurs des temps :

— Il y a entre Coussey et Vaucouleurs une jeune fille qui, avant la fin de l'année prochaine, fera sacrer le roi de France.

Jean Watrin reçut les mêmes confidences, plus expressives encore.

Ce fut vers cette époque que Jacques et Isabelle, voulant rattacher leur fille au pays natal, songèrent à la marier. Jeannette repoussa le prétendant avec persévérance; n'avait-elle pas offert sa virginité à Jésus-Christ, afin que Dieu l'employât, libre de tout lien terrestre, à ses desseins miséricordieux envers la France?

Mais le projet des parents d'Arc avait fait quelque bruit, si l'on en juge par le trait suivant. Un jour, vers la fin de 1428, notre héroïne, toujours occupée de sa mission, interpella Gérardin d'Epinal :

JEANNE D'ARC ÉCOUTANT SES VOIX
(Fresque de LENEPVEU au Panthéon.)

— Compère, insinua-t-elle, si vous n'étiez pas Bourguignon, je vous dirais bien quelque chose !

Le paysan crut aussitôt comprendre que le secret en question était le nom d'un fiancé. Quelle erreur était la sienne !

Pendant ce temps, les Anglais triomphaient partout et se préparaient à envahir ce qui restait encore de territoire sous la domination de Charles VII. La Loire formant la frontière du roi de Bourges, l'ennemi allait assiéger Orléans, afin de pouvoir occuper ensuite tout le cours du fleuve. Si le dauphin était vaincu devant cette ville, il n'aurait plus qu'à se retirer : les envahisseurs seraient maîtres du royaume de France dans toute son étendue.

Par bonheur, saint Michel veillait avec sainte Catherine et sainte Marguerite. A mesure que les événements devenaient plus critiques, ils achevaient la préparation de Jeannette au rôle divin dont elle allait être chargée et lui enseignaient tout ce qui concernait sa mission. L'éducation terminée, les Voix annoncèrent à leur élève que l'heure du départ définitif avait sonné ; l'enfant éprouva un profond déchirement en tout son être et pleura beaucoup. Il lui fallait donc quitter ses parents sans leur permission, n'emportant ni un dernier adieu ni une bénédiction suprême ; il lui fallait abandonner l'église chérie de son baptême et de sa Première Communion, les lieux témoins du passage de saint Michel, des anges et de ses Saintes, Domremy, ses compagnes, tous ceux qu'elle aimait. Oui, elle devait quitter tout cela pour l'échanger contre le milieu grossier des camps, contre les risques des batailles, le mépris des cours, en un mot, contre un inconnu beaucoup plus terrible encore que les craintes elles-mêmes qui agitaient son cœur.....

— J'aimerais bien mieux coudre et filer près de ma pauvre mère, répètera-t-elle maintes fois plus tard, car tel n'est pas mon métier.

Pourtant l'héroïque jeune fille n'hésite pas un instant à briser tous ses chers liens. Ses Voix lui indiquent la volonté de Dieu : elle eût sacrifié pour son accomplissement, selon sa propre parole, jusqu'à cent pères et cent mères.

Voici de quelle manière Jeannette quitta définitivement son pays. Elle confia à Durand Laxart l'ordre du ciel ; celui-ci attendant une naissance à son foyer, utilisa cette circonstance ; il vint donc à Domremy et manifesta le désir d'emmener sa nièce pour soigner sa femme. La permission ayant été accordée sans méfiance, la vierge lorraine se mit en route ; sur le chemin, elle rencontra Mengette, et, la couvrant de baisers :

— Adieu, lui dit-elle, je te recommande à Dieu.

Elle ne se sentit pas la force d'aller embrasser sa chère Hauviette, qui en pleura beaucoup dans la suite.

Après avoir traversé Greux, les voyageurs arrivèrent sans encombre à Burey, où l'enfant reprit, près de son oncle, ses occupations de Domremy.

Durand se rendit sans tarder à Vaucouleurs

pour essayer de fléchir Baudricourt; de nouveau le capitaine resta inébranlable. Ces premières négociations durèrent un mois ou environ. Jeannette, voyant que toutes les démarches de son oncle n'aboutissaient pas, déclara qu'elle voulait partir pour Vaucouleurs et de là pour la France; mais ses Voix lui ayant expliqué qu'elle ne pouvait se présenter à l'armée, sinon en habit d'homme, Laxart lui donna un paquet de ses propres vêtements, puis il lui procura un gîte chez les Le Royer, ses amis, qui l'accueillirent comme si elle eût été leur fille.

Dès son arrivée dans la ville, Jeannette alla trouver Baudricourt qui, fatigué de son insistance, consentit à la recevoir. Il ne se laissa pas pourtant ébranler et fit une réponse dilatoire qui n'engageait en rien l'avenir. La jeune fille retourna donc auprès de ses hôtes qu'elle ne tarda point à quitter. En effet, voyant qu'elle n'arrivait pas à triompher de l'opposition du farouche capitaine, elle se résolut bientôt à agir sans lui et profita d'une visite de Durand pour lui déclarer qu'elle voulait, sans aucun délai, partir pour la France. Après avoir revêtu son costume masculin, l'intrépide enfant se mit donc en route avec son oncle et un bourgeois de l'endroit nommé Jacques Alain.

Au bout d'une heure de marche ils s'arrêtèrent à Septfonds dans une chapelle dédiée à saint Nicolas. La pieuse vierge pria longuement, pendant que ses compagnons se reposaient; alors, les célestes conseillères lui apparurent et lui révélèrent qu'il n'était pas dans la volonté de Dieu qu'elle allât vers Charles VII en aussi piètre accoutrement, et qu'il lui fallait vaincre la résistance de Robert de Baudricourt, de qui elle obtiendrait un équipement plus convenable. Ayant informé ses guides de ce qu'elle avait appris, Jeannette rentra à Vaucouleurs; elle était triste, sans doute, cependant sa confiance en son « puissant et légitime Seigneur » était inébranlable. Pourquoi se troubler? Le jour où le roi du ciel commandera, tous les obstacles disparaîtront comme les feuilles sèches que balaye le souffle irrésistible de la tempête.

CHAPITRE VI

Dès qu'elle fut chez les époux Le Royer, Jeannette choisit la chapelle Sainte-Marie pour y accomplir les exercices de dévotion qui formaient l'essence même de sa vie de sacrifice. Dans ce sanctuaire, on vénérait une antique Vierge sous le nom de Notre-Dame des Voûtes.

C'est l'hiver, mais qu'importe à sa piété généreuse. Chaque matin, la jeune fille y entend la sainte messe, puis, avant de quitter le lieu béni, elle descend dans la crypte se prosterner devant l'image de Marie; son aspect est si angélique qu'un enfant de chœur en est vivement frappé. Devenu plus tard chanoine de la collégiale, Jean Le Fumeux déposera sous la foi du serment qu'il répute Jeanne vertueuse et sainte. D'autre part, un prêtre de cette chapelle qui l'entendit deux ou trois fois en confession fera d'elle les plus grands éloges.

Rentrée chez les Le Royer, la fillette se prodigue aux soins du ménage; lorsqu'il lui reste quelque loisir, elle file la quenouille auprès de son hôtesse Catherine.

Pauvre enfant, elle est là chez de braves cœurs, chez des amis, et pourtant elle y vit dans la douleur et l'angoisse. C'est qu'elle songe à la France en péril, à Orléans resserré de plus en plus dans un cercle de fer et de feu par les impitoyables Anglais; c'est qu'elle entend ses Voix l'appeler à l'œuvre et qu'elle se voit retenue loin du théâtre des batailles. Chaque minute lui semble un siècle; tristement, elle redit à son hôtesse:

— Quand donc partirai-je? Dieu m'a assuré que notre patrie ne serait sauvée que par moi. Vous rappelez-vous, Catherine, la prophétie que l'on répète partout: *La France a été perdue par une femme, elle sera sauvée par une vierge venant des Marches de Lorraine.*

Quelques jours se passèrent, rien ne pouvait faire prévoir la durée de cette attente. Mais la Providence qui, dans ses impénétrables desseins, avait conçu le plan mystérieux de la délivrance de la nation par Jeannette d'Arc, prépara les moyens qui en amèneraient la réalisation.

Les instruments qu'elle utilisa furent d'abord quelques hommes à l'âme grande et patriotique qui avaient été gagnés par la vertu de la future héroïne: parmi eux nous trouvons en première ligne Bertrand de Poulengy. Assistant l'année précédente à l'entrevue de Robert et de la paysanne lorraine, il avait ouï dire par celle-ci au capitaine que Charles VII ne devait pas, pour le moment, engager d'action contre les

Anglais, parce qu'il serait secouru vers le milieu du Carême suivant. Bertrand grava ces choses dans sa mémoire et attendit.

Voyant Jeannette revenir à Vaucouleurs, il s'attache à sa fortune ; plusieurs fois il va la visiter chez les Le Royer, l'entretient de la noble cause que Dieu lui a confiée, lui parle des armées, de la vie des camps, du danger des batailles. Il lui représente qu'elle ne pourra guerroyer à moins qu'elle ne consente à porter un costume viril.

Mais les Voix de l'humble enfant l'ont instruite de tous ces détails. L'interlocuteur est étonné de ses réponses lumineuses et sages. Sur le dernier point, comme sur les autres, elle est surnaturellement avertie : elle sait que les convenances et les nécessités de sa vocation de soldat et de chef militaire exigent l'habit d'homme et l'armure.

Dieu réservait à sa messagère un autre ami, Jean de Nouillonpont, nommé aussi de Metz. Ce dernier se rendit un jour à la maison des Le Royer, et apercevant la jeune paysanne dans sa modeste robe lorraine de drap écarlate, assise et travaillant :

— M'amie, lui dit-il respectueusement, que faites-vous donc ici ? Faut-il que le roi soit chassé de son royaume et que nous devenions Anglais ?

Jeannette répliqua avec tristesse :

— Hélas ! je suis venue dans cette ville du roi pour voir Robert de Baudricourt. Je lui ai demandé de me conduire vers Charles VII, mais le capitaine n'a souci de moi ni de mes

paroles. Et pourtant, il le faut. Je dois être
là-bas avant le milieu du Carême et j'y serai,
dussé-je user mes jambes jusqu'aux genoux!.
Personne au monde, ni prince, ni duc, ni fille
du roi d'Ecosse ne peut reconquérir le royaume;
il n'y a pour notre patrie d'autre secours qu'en
moi. Oh! j'aimerais mieux filer auprès de ma
pauvre mère! Combattre n'est pas mon métier,
mais il faut que j'aille et que je le fasse, car
mon Seigneur l'a ordonné.

— Et quel est votre Seigneur?

— C'est Dieu, répondit-elle.

Le chevalier, rempli d'enthousiasme, lui prit
la main et lui donna sa parole de la mener
vers le roi de France, avec l'aide d'En-Haut.

— Quand voulez-vous partir? demanda-t-il.

— Plutôt aujourd'hui que demain, plutôt
demain qu'après, s'écria Jeannette à l'instant.

— Quoi donc! Avec les vêtements que vous
avez là? Cela ne paraît guère possible.

— Je sais qu'il me faut prendre des habits
d'homme. Eh bien! je le ferai volontiers.

Jean de Metz lui fit alors remettre l'équipement d'un de ses serviteurs. A cette nouvelle, les
habitants de Vaucouleurs se cotisèrent pour lui
fournir un costume masculin et tout le nécessaire. Durand Laxart et Jacques Alain garan-
tirent le payement d'un cheval qui fut rem-
boursé dans la suite par Baudricourt lui-même.

On voit que le peuple croyait en l'Inspirée
et l'appelait à la tête des armées. C'est un
honneur pour les petits et les pauvres d'avoir
eu foi, dès le premier instant, à la mission de la
Pucelle. Bienheureux les humbles! Jeannette

LE SIRE DE BAUDRICOURT OFFRE UNE ÉPÉE A JEANNE D'ARC

(Tableau de MELINGUE.)

incarnait le patriotisme élevé par Dieu jusqu'au surnaturel, le patriotisme chargé miraculeusement de remplir une tâche sublime. La multitude, quand elle n'est pas détournée par de perfides conseillers, croit en Dieu, croit au miracle, pratique l'amour de la patrie : n'était-ce point logique qu'elle applaudît à la vocation de l'héroïne et qu'elle en aidât l'accomplissement de tout son pouvoir ?

Voici, d'ailleurs, que les grands vont s'ébranler à leur tour.

Charles II, duc de Lorraine, avait beaucoup entendu parler des célestes visions de l'extraordinaire enfant. Croyant voir en elle une espérance de guérison, car il était malade, il la fit mander devers lui et lui envoya un sauf-conduit.

Sur ces entrefaites, les parents d'Arc, qui, de douleur, avaient presque perdu le sens depuis le départ de leur fille, s'étaient entendus avec le prétendant évincé pour traduire celle-ci devant l'officialité épiscopale de Toul, au sujet d'une soi-disant promesse de fiançailles. Jeannette profita du sauf-conduit pour se rendre dans cette ville. Aidée de ses Voix, elle comparut sans trembler à la barre du tribunal ecclésiastique et se défendit avec calme et assurance ; les juges la déclarèrent alors dégagée de la plainte déposée contre elle.

La Providence, une fois de plus, avait veillé sur sa privilégiée ; elle va lui continuer son aide auprès de Charles II. Lorsque la jeune fille se présenta au château, le duc demanda :

— Guérirai-je de la maladie dont je suis atteint ?

— Je ne le sais pas, répondit-elle.

Après lui avoir reproché sa conduite avec une douce énergie et l'avoir engagé à rappeler la bonne duchesse son épouse, elle demanda au duc de lui accorder son fils pour la conduire vers le dauphin ; mais Charles II, ne trouvant point en elle ce qu'il attendait, la congédia après lui avoir fait délivrer quatre francs et un cheval noir.

Avant de revenir à Vaucouleurs, la pieuse enfant voulut accomplir son pèlerinage à Saint-Nicolas du Port, patron des voyageurs, afin de mettre sous sa protection le grand voyage qu'elle allait commencer.

Dès son retour, qui eut justement lieu le soir de la bataille de Rouvray, gagnée sur nos troupes par les Anglais, elle alla trouver Robert, et, lui témoignant de nouveau son impatience de partir, lui annonça sans préambule la défaite de nos armées près d'Orléans. Le rude chevalier, stupéfait de ce langage, en grava dans son esprit et les termes et la date ; quelques jours après, il acquit la certitude du fait. Avec effroi, il vit que Dieu ou Satan avait seul pu instruire la paysanne. Aussi alla-t-il tout de suite quérir Messire Jean Fournier, et se rendit avec lui dans la maison des Le Royer. Le prêtre, revêtu de son étole, jeta de l'eau bénite vers Jeannette, en disant :

— Si vous venez du malin esprit, éloignez-vous ; si vous êtes bonne et venez de Dieu, approchez.

A la vue de l'étole, la jeune fille s'était mise à genoux, et lorsqu'elle entendit ces dernières paroles elle se traîna ainsi jusqu'aux pieds du ministre de Jésus. L'épreuve sembla convaincante; mais Jeanne jugea que l'ecclésiastique n'aurait pas dû la traiter de cette façon, puisqu'il la connaissait comme fervente catholique et l'avait déjà confessée.

Baudricourt ne résista plus; il donna lui-même une épée à la vaillante Lorraine qui se mit en route le 23 février 1429, accompagnée de Jean de Metz, Bertrand de Poulengy et leurs deux serviteurs; le messager royal Colet de Vienne et l'archer Richard complétaient l'escorte... Quand l'Envoyée de Dieu bondit sur son coursier, toute une foule sympathique l'acclama avec enthousiasme, et le capitaine lui cria, en guise d'adieu, ces paroles qu'elle n'oubliera jamais :

— Va, va, et advienne que pourra !

CHAPITRE VII

Nous écrivons pour la dernière fois dans ce
récit cet humble et doux nom de Jeannette,
évoquant tout ensemble l'intimité et la vie de
famille. Désormais, on le changera pour celui
de Jeanne, et tous, d'un commun accord, les
Voix du ciel comme les voix de la terre y
ajouteront ce qualificatif : la Pucelle, c'est-à-dire
la vierge.

Jeanne la Pucelle s'avançait donc sur la
route de France, entourée de ses six compagnons. Selon la parole d'un témoin oculaire,
elle était « en habits d'homme, à savoir :
pourpoint noir, chausses attachées, robe courte
de gros gris noir, cheveux ronds et noirs et un
chapeau noir sur la tête ». A son côté pendait
l'épée offerte par Baudricourt. Bien qu'elle
n'eût que dix-sept ans, la jeune fille était
grande et forte. Son visage, d'une mâle beauté,
respirait en même temps la douceur ; son regard clair et inspiré donnait à sa physionomie
une expression toute céleste.

Le voyage qu'elle entreprenait était plein de
périls ; il fallait chevaucher de longs jours en

PORTE DE FRANCE A VAUCOULEURS (ÉTAT ACTUEL)

pays ennemi sillonné par des bandes de soldats et de pillards, traverser plusieurs rivières, ordinairement grossies à cette époque de l'année, et dont les ponts étaient gardés par les Anglais et les Bourguignons. Les compagnons de Jeanne, malgré leur bravoure, étaient loin d'être rassurés ; pendant tout le trajet, ils n'avancèrent qu'avec les plus grandes précautions, mais la vaillante Lorraine leur répétait sans cesse :

— Ne craignez rien, nous arriverons au but de notre voyage, et le dauphin à Chinon nous fera bonne réception.

Ils marchaient donc vers le but, tout étonnés de la sainte et confiante audace avec laquelle ils s'abandonnaient à l'impulsion d'une enfant.

— Jeanne, interrogeaient-ils parfois anxieusement, ferez-vous bien tout ce que vous nous avez dit?

— N'ayez crainte, répondait-elle, ce que je fais, j'ai ordre de le faire. Mes frères du paradis m'enseignent ma mission ; il y a déjà quatre ou cinq ans qu'ils me la répètent, et Dieu me dit qu'il faut que j'aille à la guerre pour recouvrer le royaume de France.

Ce que la Pucelle affirmait de ses célestes relations était confirmé par sa vie très édifiante. Pleine de bonté, de simplicité, de piété, régulière en toutes choses, elle paraissait entièrement pénétrée de la charité du Christ. Un des plus touchants effets de cette charité était la douce affection dont elle continuait à entourer les pauvres et les êtres souffrants.

Jean de Metz disait plus tard :

— C'était un bonheur pour elle de fair[e]
l'aumône; plusieurs fois je lui ai mis en main[s]
des pièces d'argent pour qu'elle les distribuâ[t]
au nom de Dieu.

Elle exerçait vraiment sur ceux qui l'approchaient un ascendant merveilleux. Tous ses
compagnons d'armes rendirent témoignage
qu'ils n'éprouvèrent jamais à son occasion la
moindre mauvaise pensée; ils la considéraient
comme une envoyée du ciel. Nous aurons résumé notre jugement lorsque nous aurons
ajouté ce mot de Bertrand de Poulengy :

— Elle était aussi bonne que l'aurait été une
sainte.

Toutefois, une chose pesait à la piété de la
jeune fille; dans la crainte d'être reconnus,
Jean de Metz et Bertrand de Poulengy l'empêchaient d'assister au Saint Sacrifice.

— Si nous pouvions ouïr la Messe, ce serait
bien! soupirait-elle souvent.

A deux reprises pourtant, dans l'abbaye de
Saint-Urbain et dans la cathédrale d'Auxerre,
elle eut ce bonheur.

Après onze jours de marche, on est enfin en
terre française et il n'est plus nécessaire de
cacher aussi soigneusement le but du voyage :
de Gien se répand vers Orléans la nouvelle
qu'une « vierge arrive au secours de la ville
assiégée ».

Le samedi 5 mars on était à Sainte-Catherine
de Fierbois et de ce lieu, l'héroïne dicta une
supplique afin de demander audience au roi :

« J'ai fait 150 lieues, lui disait-elle, pour
venir jusqu'à vous et vous prêter assistance;

JEANNE D'ARC QUITTANT VAUCOULEURS (Peinture murale de LENEPVEU.)

j'ai beaucoup de choses excellentes à vous révéler. Comme preuve de ce que j'avance, je vous reconnaîtrai entre tous. »

Le lendemain de grand matin, elle se rendit à la chapelle dédiée à l'une de ses chères Protectrices, et, pour satisfaire sa dévotion en même temps que pour étancher la soif d'amour de Dieu allumée davantage encore dans son cœur par la privation de la route, elle entendit trois Messes.

On monta en selle pour fournir la dernière étape qui eût été fatale aux voyageurs si Dieu n'avait fait un miracle pour les sauver. Des brigands armagnacs, prévenus de l'approche de la future guerrière, lui dressèrent une embuscade ; la voyant s'avancer ainsi que ses compagnons, ils veulent s'élancer pour leur faire un mauvais parti, mais au même instant ils se sentent cloués sur place ; impossible de bouger ! Et la petite troupe passe tranquille et paisible au milieu d'eux, sans se douter du danger qu'elle a couru.

Le dimanche 6 mars à midi, les voyageurs étaient à Chinon ; Jeanne mit pied à terre en s'aidant de la margelle d'un puits qui fut longtemps montré avec respect. Elle fut logée chez une bourgeoise de cette ville et attendit dans la prière et le recueillement que la sainte Providence lui ouvrît les portes du château où s'abritait le prince qu'elle venait sauver au nom de Dieu.

Elevé au milieu d'une cour agitée par toutes les intrigues, Charles VII était naturellement défiant ; de plus, son indécision et son manque d'énergie l'empêchaient de réagir contre l'infortune qui le poursuivait; c'est pourquoi toute sa vie il éprouva le besoin de se faire gouverner par de trop influents conseillers. A l'heure présente, les principaux se nomment Georges de la Trémoille, baron de Sully, favori du prince; Regnault de Chartres, archevêque de Reims, chancelier de France; Robert le Masson, seigneur de Trèves; Raoul de Gaucourt, bailli d'Orléans, et Gérard Machet, confesseur du roi.

Lorsque la Pucelle arriva à Chinon, elle s'empressa de renouveler sa demande d'audience; ce fut le Conseil royal qui reçut la charge d'examiner cette requête. Les uns étaient pour le refus absolu; la paysanne n'était, selon eux, qu'une aventurière; les autres voulaient que cette affaire fût étudiée à fond. Heureusement, ce dernier avis prévalut.

La décision étonna vivement Charles VII qui, ne voulant point exposer la majesté royale dans une entreprise ridicule, ordonna d'abord de questionner en sa présence Jean de Metz et Bertrand de Poulengy. Ceux-ci témoignèrent nettement de la vertu et de la piété extraordinaire de leur compagne de route, en même temps qu'ils redirent les dangers auxquels ils avaient miraculeusement échappé pendant leur voyage.

Le monarque chargea ensuite de notables personnages ecclésiastiques et laïques d'interroger la jeune fille. Elle leur répondit avec sagesse et déclara que le ciel lui avait donné plusieurs mandats dont deux devaient être exécutés à brève échéance : faire lever le siège d'Orléans et mener le dauphin à Reims pour qu'il y fût sacré et couronné; mais, avant tout, c'était Charles VII lui-même que la Pucelle voulait voir.

On conclut que le prince pouvait la recevoir sans se compromettre. Néanmoins l'audience royale semblait devoir se faire désirer de longs jours encore lorsqu'un événement providentiel brusqua le dénouement. En effet, les Orléanais, ayant appris la venue à Chinon d'une vierge se préparant à les délivrer, avaient députe à la cour le sire de Villars et Jamet du Thillay pour vérifier l'exactitude de cette information. Le malheur des assiégés, le désir de leur donner, faute de renfort, une parole de consolation et, en tout cas, de témoigner de la déférence à leurs messagers, décidèrent Charles VII à accorder audience à Jeanne la Pucelle après deux jours et demi d'attente.

CHAPITRE VIII

Jeanne était en prières dans le logis qu'elle
occupait à Chinon, lorsqu'un officier de
Charles VII se présenta et lui donna l'ordre de
se rendre immédiatement au château où le roi
l'appelait. C'était le 9 mars 1429.

Accompagnée de Jean de Metz et de Bertrand
de Poulengy, elle se mit en route. Le jour
était sur son déclin; non loin du pont-levis on
croisa un homme d'armes monté sur son cheval.
Comme tant d'autres, il avait dû entendre plai-
santer l'héroïne; sa verve soldatesque fut
excitée par cette rencontre, et il s'écria :

— N'est-ce pas là la Pucelle?

Puis il se mit à débiter des propos orduriers
et à blasphémer Dieu. La vierge lorraine, le
regardant avec une profonde tristesse, lui dit :

— Ah! au nom de Dieu, tu le renies et tu es
si près de ta mort!

Une heure ne s'était pas écoulée que le blas-
phémateur tombait à l'eau et se noyait.

De nouvelles hésitations avaient assailli
Charles VII au dernier instant, mais lorsqu'on
lui eut mis sous les yeux la preuve de la révé-

lation faite par Jeanne à Baudricourt sur l'issue de la bataille de Rouvray, au jour même de ce combat, il consentit enfin à recevoir la future guerrière. Le monarque avait désigné pour l'audience la grande salle du château ; tout y fut disposé avec un luxe royal, capable d'intimider la petite paysanne de Domremy. Pour éclairer ce vaste appartement, on avait disposé en son pourtour cinquante hommes d'armes, porteurs chacun d'une torche : sous cette brillante clarté, les pierres précieuses et les broderies d'or des vêtements d'apparat endossés par les seigneurs de la cour étincelaient. Trois cents chevaliers entouraient ces gentilshommes.

La Pucelle fut introduite. Le coup d'œil était féerique ; jamais sur terre la jeune fille n'avait vu tant de lumières éclairant un pareil luxe, mais son regard, qu'un fréquent miracle ouvrait sur les secrets de l'au-delà, avait maintes fois contemplé à l'aise choses plus magnifiques. A cet instant même, les ravissantes clartés du ciel resplendissaient mille fois plus à ses yeux que les torches et les parures dont on prétendait l'éblouir.

Cependant, le grand-maître d'hôtel conduisait l'enfant de Domremy vers le comte de Clermont, qui, somptueusement paré et feignant d'être Charles VII, s'apprêtait à recevoir le salut de Jeanne ; celle-ci s'arrêta net :

— Ce n'est pas là le roi, déclara-t-elle.

Et, guidée par l'ange qui l'assistait, elle alla droit au dauphin, dissimulé dans la foule, en lui faisant correctement les trois révérences d'usage à la cour.

— Dieu vous donne bonne vie, noble prince,
lui dit-elle.

— Je ne suis pas le roi, répliqua Charles VII;
le roi, le voilà !

Et il montrait de nouveau le comte de Clermont.

— Au nom de Dieu, c'est vous et non un
autre, reprit la Libératrice. Je suis venue vers
vous de par le Roi du ciel! J'ai nom Jeanne
la Pucelle. Si vous voulez écouter le message
que je vous apporte, vous recouvrerez votre
royaume et les Anglais s'en iront hors de
France.

— Quel est donc ce merveilleux message?

— Dieu vous mande que vous me mettiez
en œuvre et je ferai lever le siège de devant
Orléans, puis je vous conduirai à Reims pour
recevoir votre sacre et votre royale couronne.
Vous serez ainsi lieutenant du roi des cieux
qui est roi de France.

Le souverain, intrigué certes, mais encore
sceptique, fit alors à la jeune fille plusieurs
interrogations puis, selon son désir, il donna
l'ordre à tous ceux qui remplissaient l'enceinte
de se masser à l'autre extrémité.

— Dites-moi maintenant ce que Dieu veut
que vous me communiquiez, demanda le
prince.

— Mon Seigneur vous dit : Tu es vrai héritier de France et fils de roi !

A ce simple énoncé, Charles VII fut extrême-
ment surpris; depuis longtemps un doute
subtil torturait son âme. Lui, le fils de la dé-
pravée Isabeau de Bavière, était-il réellement

CHATEAU DE CHINON, RUINES DE LA GRANDE SALLE
OU JEANNE RECONNUT CHARLES VII

l'enfant du pauvre fou Charles VI, et, par conséquent, l'héritier de la couronne? L'affirmation de la Pucelle répondait à cette grande anxiété, connue de Dieu seul. Cependant, Jeanne, continuant, rappela cette supplication adressée au ciel par le souverain en une nuit de douleur:

— O mon Dieu! si j'ai le bon droit pour moi dans les guerres que je soutiens, venez à mon secours!

Elle lui révéla aussi une autre prière qu'il avait faite peu après :

— Si je suis vraiment descendant de la noble maison de France et, par conséquent, héritier du royaume, gardez-le en mon pouvoir et défendez-le! Si je ne mérite pas ce secours, accordez-moi au moins d'échapper à la mort et à la captivité et de trouver un refuge auprès des rois mes alliés, soit en Espagne, soit en Ecosse.

En s'exprimant ainsi, Jeanne avait levé son regard sur sa céleste Vision, quelque chose de surhumain la transfigurait. Charles VII, frappé de cet admirable spectacle, non moins que de la révélation de ses secrets, était impuissant à retenir ses pleurs. Son visage habituellement pâle s'empourpra. Les grands de la cour firent mine d'intervenir.

D'un geste impérieux, le roi les retint :

— Achevez votre message, dit-il à Jeanne.

— Noble prince, si je vous révèle les trois requêtes que vous avez adressées à Dieu le jour de la dernière Toussaint, croirez-vous que Dieu m'envoie?

— Oui, répondit Charles VII subjugué.

— Sire, poursuivit-elle, voici la première :
« Si je ne suis point véritable héritier du royaume de Dieu, faites, ô Seigneur, que je ne sente plus en moi le courage de poursuivre cette campagne. » Et ensuite : « Si les grandes adversités supportées depuis si longtemps par mon pauvre peuple de France proviennent de mes péchés, seul je dois être puni. Faites que je porte entièrement le châtiment de mes fautes, fut-ce la mort elle-même ! » Enfin : « O mon Dieu, si les péchés de mon peuple lui attirent tant de maux, je vous en conjure, pardonnez à la nation et tirez-la des tribulations qui la désolent depuis douze ans et plus. »

L'Inspirée continua ainsi :

— Oui, Dieu a entendu votre prière et c'est lui qui a dirigé mes pas vers vous. Je ne suis qu'une pauvre fille de village, mais je dois vous révéler les moyens qui m'ont été divinement enseignés afin que vous puissiez mettre vos adversaires hors des frontières et poser sur votre front la couronne de France.

— Que dois-je faire pour cela ?

— Noble sire, donnez-moi des armes et des troupes. Ayez confiance, je saurai m'en servir.

— Les vouloirs divins seront accomplis, assura Charles VII.

Et, le visage radieux, il rejoignit avec Jeanne les personnages de sa cour. Se tournant alors vers les membres de son conseil :

— Cette Pucelle, dit-il, m'est envoyée de par Dieu pour m'aider à recouvrer mon royaume. Il y a lieu de l'interroger plus au long et d'aviser ensuite.

Toutefois, le prince résolut de conserver l'héroïne au palais. Il lui assigna une demeure dans le château du Coudray où il la fit conduire : on confia la vierge lorraine à une vertueuse femme, l'épouse de Guillaume Bellier, lieutenant du sire de Gaucourt, bailli d'Orléans. Puis il fut décidé que des docteurs en théologie s'entretiendraient avec la Pucelle et examineraient soigneusement ses réponses et ses dires.

CHAPITRE IX

A Chinon comme à Domremy, la prière de
Jeanne s'unissait à celle de la nation tout entière. Notre infortuné pays recourait enfin à
Dieu, son unique Sauveur; on multipliait les
processions et les pèlerinages en vue d'obtenir
« la paix, le vrai trésor de joie ».

La faveur d'un solennel jubilé ayant été
accordée à Notre-Dame du Puy-en-Velay, le
Lourdes de l'époque, 200000 fidèles accoururent
dans ce vénéré sanctuaire; Isabelle Romée
n'hésita pas à se joindre à eux pour demander
à Marie des grâces de salut pour la France et
de résignation pour elle et les siens.

C'est que bien des larmes ont coulé dans la
chaumière de Domremy depuis le départ de
Jeanne. Avec le doux sourire de l'enfant privilégiée le bonheur a fui, Jacques est sombre
et taciturne, Isabelle arrose de ses pleurs la
quenouille qu'elle doit filer seule désormais,
tandis que les fils n'osent prononcer le nom de
la fugitive. La prière était le seul remède à
tant de douleur, la famille d'Arc l'avait bien

compris; c'est pourquoi Isabelle était venue au nom de tous en pèlerinage à Notre-Dame du Puy-en-Velay. Aux pieds de celle qui est la source de toute consolation elle avait déposé ses larmes et ses souffrances, les offrant pour attirer les bénédictions d'en haut sur la sublime vocation de sa Jeannette.

Pendant ce temps, au château de Chinon, cette dernière était l'objet des plus respectueux égards; sur l'ordre du roi, on avait pourvu à son service particulier. La nuit, des femmes étaient près d'elle, et le jour un charmant page de quatorze ans lui tenait compagnie.

Le lendemain de la mémorable audience du 9 mars, le souverain fit mander la jeune fille. Dès le début de l'entretien, on annonça un visiteur. En voyant s'avancer un noble inconnu, au port majestueux, Jeanne demanda son nom.

— C'est mon cousin, le duc d'Alençon, répondit le roi.

— Soyez donc le très bien venu, dit-elle, s'adressant au duc lui-même, plus il y en aura ensemble du sang royal et mieux cela sera.

Cette première entrevue laissa d'Alençon sous une impression déjà favorable. Pour achever de le convaincre, Charles VII le convoqua, ainsi que La Trémoille, le vendredi 11 mars. Devant eux, la Pucelle renouvela les communications qu'elle avait déjà faites au chef de la France; puis, s'enhardissant, elle lui rappela avec une respectueuse franchise les devoirs qui lui incombaient. Ses paroles déplurent à La Trémoille; dès ce moment, cet homme cupide et pervers la considérera comme un obstacle irréductible à sa politique et un sérieux danger pour sa personne : obstacle et danger qu'il écartera coûte que coûte.

Tout autre fut l'impression du roi et de Jean d'Alençon; leur vif enthousiasme fut encore augmenté par l'extrême habileté de la paysanne à manier la lance et à chevaucher. Le duc émerveillé s'écria :

— C'est vraiment parfait, Jeanne, je vous offre votre premier cheval de guerre.

A Charles VII, la jeune vierge exprimait sans varier la volonté divine : enlever la France aux Anglais pour la remettre entre ses mains; comme preuve éclatante de l'intervention du ciel, elle promettait la délivrance d'Orléans, ajoutant cette particularité :

— Dans la bataille qui se livrera, je serai frappée par un trait, mais ne mourrai pas de ma blessure. De plus, cet été, je vous conduirai à Reims pour être sacré.

On s'empressa de noter cette double prédiction dont il sera facile de constater la réalisation.

Cependant, Jean de Metz et Bertrand de Poulengy avaient été de nouveau interrogés par Gérard Machet, qui, satisfait de l'enquête, observa minutieusement les faits et gestes de l'héroïne. Il remarqua son attitude exemplaire à l'église et fut très édifié de la manière angélique avec laquelle elle recevait fréquemment son Dieu. D'autre part, l'examen des ecclésiastiques de Chinon avait été de tous points favorable à la jeune fille. Jacques Gélu et Gerson furent aussi consultés, mais leur éloignement de la cour devait nécessairement retarder la remise de leurs réponses. Non content de tout cela, le monarque décida que Jeanne d'Arc serait amenée à Poitiers, afin d'y être examinée officiellement par l'Université.

Le lundi de Pâques, 28 mars 1429, on se mit en route sans révéler d'abord à la jeune fille le but du voyage ; on le lui dit ensuite :

— Au nom de Dieu, s'écria-t-elle, je sais que j'aurai beaucoup à faire dans cette ville, mais allons-y de par Dieu !

Qu'allait faire Charles VII à Poitiers et pourquoi y conduisait-il la Pucelle? Le roi avait achevé ses enquêtes personnelles, mais le pays avait le droit de s'éclairer, lui aussi, au sujet de celle qu'on lui présentait comme Envoyée de Dieu ; et le pays, par son Université, par son Parlement, par les habitants de Poitiers, allait à son tour former son jugement sur la paysanne de Domremy. Aussi Charles VII se garda-t-il bien de tenir Jeanne à l'écart. C'est en pleine ville, à l'*Hôtel de la Rose,* demeure d'un intègre magistrat, Jean Rabateau, que logea la Pucelle pendant tout son séjour à Poitiers.

On forma une Commission de savants auxquels on adjoignit un certain nombre de seigneurs et d'officiers. Cette Commission fonctionna sous la présidence du chancelier du roi, Regnault de Chartres, archevêque de Reims. Voici les noms des examinateurs qui nous ont été conservés : Pierre de Versailles, Jean Lambert, Guillaume Lemaire, Jean Morin, Jean Erault,

Jacques Maledon, Mathieu Ménage, du clergé séculier ; plus quatre religieux, tous très célèbres professeurs.

Les interrogatoires eurent lieu à l'*Hôtel de la Rose*. Dans une première entrevue, Jeanne réfuta si sagement toutes les objections que les docteurs se retirèrent grandement étonnés de trouver tant de bon sens chez une simple paysanne. Mais ils ne se tinrent pas pour battus, et pendant treize jours consécutifs renouvelèrent l'épreuve.

— Afin que vous sachiez que je suis envoyée par le Ciel, leur déclara la jeune fille, je vous prédis qu'après la délivrance d'Orléans et le sacre de Reims, Charles VII rentrera dans Paris redevenu français, qu'il verra le duc d'Orléans revenir de captivité et qu'il chassera les Anglais du sol national.

— Vous nous dites, d'après votre Voix, lui objecta Guillaume Aymeri, que Dieu veut délivrer le peuple de France. S'il veut le délivrer, il n'a pas besoin d'hommes d'armes.

— Au nom de Dieu, les soldats combattront et Dieu donnera la victoire, répliqua la Pucelle, à la grande satisfaction du docteur.

L'examen pourtant continua, on demanda à la jeune fille pourquoi elle revêtait des habits masculins. Elle répondit que c'était d'après le commandement de Notre-Seigneur ; que, du reste, faisant œuvre d'homme et vivant au milieu des guerriers, il était juste qu'elle en prît le costume.

Un jour, à l'entrée des examinateurs dans la salle :

— Je crois bien, leur dit Jeanne, que vous êtes envoyés pour m'interroger, eh bien! je ne sais ni *a* ni *b*. Je viens de la part du Roi du Ciel afin de faire lever le siège d'Orléans et de conduire Charles VII à Reims.

C'est alors qu'elle dut dicter cette admirable lettre adressée aux Anglais et qu'elle avait précédemment composée à Chinon, sous l'inspiration de ses Voix :

✠ Jhesus Maria ✠

Roi d'Angleterre et vous, duc de Bedford, qui vous dites régent du royaume de France; vous, Guillaume de la Poule, comte de Suffolck ; Jean, sire de Talbot, et vous, Thomas, sire d'Escales, qui vous dites lieutenants dudit duc de Bedford, faites raison au Roi du Ciel; rendez à la Pucelle qui est envoyée de Dieu, le Roi du Ciel, les clés de toutes les bonnes villes que vous avez prises et violées en France. Elle est venue ici de la part de Dieu pour réclamer le sang royal. Elle est toute prête à faire la paix si vous lui voulez faire raison, à condition que vous rendrez le pays de France et payerez les dommages que vous y avez faits pendant le temps que vous l'avez occupé. Et vous, archers, compagnons de guerre, nobles, gentils et autres qui êtes devant la ville d'Orléans, allez-vous-en dans votre pays, c'est l'ordre de Dieu, et si vous ne le faites, attendez les nouvelles de la Pucelle qui vous ira voir bientôt pour votre bien grand dommage. Roi d'Angleterre, si vous ne le faites ainsi, je suis chef de guerre, et en quelque lieu que j'atteindrai vos gens en France, je les chasserai, qu'ils le veuillent ou non, et s'ils ne veulent pas obéir, je les ferai tous tuer. Je suis envoyée par Dieu, le Roi du Ciel, corps pour corps, pour vous bouter hors de toute la France. Et s'ils veulent obéir, je les prendrai à merci. Et ne vous obstinez pas dans votre projet, car vous ne conserverez point le royaume de France, qui est à Dieu, le Roi du Ciel, fils de Sainte Marie, mais c'est le roi Charles, vrai héritier, qui le conservera, car Dieu, le Roi du Ciel, le veut, et cela est révélé par la Pucelle à son souverain : il entrera à Paris en bonne compagnie.

Si vous ne voulez pas croire les nouvelles de la part de Dieu et de la Pucelle, en quelque lieu que nous nous trouverons, nous frapperons sur vos gens et nous ferons un si grand tumulte que depuis mille ans il n'y en aura pas eu de si grand en France, si toutefois vous ne faites raison. Et croyez fermement que le Roi du Ciel enverra plus de force à la Pucelle qu'il n'en faut pour repousser les assauts que vous dirigerez contre elle et ses bonnes gens d'armes; et l'on verra aux horions qui aura le meilleur droit, du Dieu du Ciel ou de vous. Vous, duc de Bedford, la Pucelle vous prie et vous requiert de ne pas vous faire détruire. Si vous lui faites raison, vous pourrez encore venir en sa compagnie, là où les Français feront le plus beau fait qui fut jamais accompli pour la chrétienté. Et faites réponse si vous voulez faire la paix en la cité d'Orléans, et si vous ne le faites, qu'il vous souvienne bientôt de vos très grands dommages.

Écrit ce mardi de la Semaine-Sainte.

Comment les docteurs de Poitiers n'eussent-ils point été émus en lisant ces lignes si chrétiennes et si chevaleresques! Mais leur impression favorable ne les empêcha pas de prolonger un examen sur lequel reposait l'honneur de la France, en attendant qu'il en sortît son salut.

CHAPITRE X

Nous l'avons dit, l'examen continua pendant
treize jours, mais ce qui contribua le plus à
conquérir les âmes de ces savants et rigides
docteurs ce fut le céleste rayonnement qui se
dégageait de la jeune vierge. Tant de surnaturel
n'excluait pas chez Jeanne une gaieté bien française; certaines reparties que l'histoire nous a
conservées nous montrent son esprit aimable
et enjoué. Un jour que le Dominicain Seguin
de Seguin lui demandait avec son désagréable
accent limousin :

— Quel langage parlent vos Voix?

— Un meilleur que le vôtre, répondit-elle.

Et comme le docteur, un peu piqué, ajoutait:

— Croyez-vous en Dieu?

— Mieux que vous, répliqua-t-elle.

— Eh bien! reprit Seguin, Dieu défend
d'ajouter foi à vos paroles sans un miracle qui
nous prouve que vous agissez d'après ses
ordres. Nous ne conseillerons sûrement pas au
roi de vous confier une armée et de la risquer
ainsi sur votre simple assertion.

— Au nom de Dieu, répéta Jeanne, je ne suis pas venue à Poitiers pour faire des prodiges, mais envoyez-moi à Orléans : là, je vous montrerai les miracles que je suis venue faire. Qu'on me donne des soldats en tel nombre que l'on voudra et je ferai lever le siège de cette ville.

L'examen de Poitiers se poursuivait tout à l'honneur de l'héroïne et confirmait les enquêtes précédentes. Il en fut de même de l'examen sur ses mœurs et sa virginité dont fut chargé un jury de nobles dames présidé par la reine de Sicile, belle-mère du roi. On constata que la paysanne lorraine méritait pleinement ce surnom glorieux de Pucelle ou de vierge que la multitude lui décernait.

Lorsque les examinateurs se retiraient après leurs longs interrogatoires, de nombreux visiteurs, désireux d'entretenir la mystérieuse jeune fille, pénétraient à leur tour dans l'*Hôtel de la Rose*. Avant d'arriver jusqu'à elle, ils considéraient ses projets et ses promesses comme choses impossibles à réaliser, les traitant de rêveries. Mais, dès qu'ils l'avaient vue et entendue, tous la regardaient comme une créature privilégiée, et quelques-uns en la quittant pleuraient à chaudes larmes.

Les femmes ne furent pas les dernières à venir saluer celle que la rumeur publique annonçait comme la merveille de leur sexe. Une chose toutefois les étonnait, c'est que la Pucelle ne voulait pas quitter ses vêtements d'homme ; or, l'opinion qui, au xvᵉ siècle, ne soupçonnait pas toutes les excentricités modernes était, non sans raison, très sévère à ce sujet. Mais Jeanne ne tardait pas à convaincre ses visiteuses par les arguments simples et évidents que nous connaissons déjà.

D'ailleurs, bien que les docteurs n'eussent pas encore prononcé un verdict officiel, ils ne cachaient plus leurs sentiments à l'égard de la jeune fille et déclaraient voir, en tout ce qui la concernait, l'effet de l'assistance divine.

Donc, l'opinion générale à Poitiers fut bientôt celle qui s'était répandue à la cour. On prétendait que le roi se décidait à placer l'héroïne à la tête d'un convoi pour qu'elle s'efforçât de le conduire aux malheureux Orléanais. Ce fut l'occasion d'une nouvelle question de la part d'un personnage d'importance :

— Jeanne, on veut que vous essayiez de faire pénétrer des vivres dans Orléans; mais il me semble que ce sera un résultat bien difficile à atteindre, étant donnés les formidables bastilles qui entourent la cité, la puissance et le nombre des troupes anglaises qui tiennent le siège.

— Au nom de Dieu, répliqua-t-elle, nous mettrons ces vivres dans la ville tout à notre aise et il n'y aura pas un Anglais qui sortira des bastilles ni fera mine d'empêcher l'opération.

Cette annonce ne peut être regardée que comme une véritable prophétie, tant la chose était humainement incroyable; or, nous vérifierons son accomplissement à la lettre.

Cependant, les docteurs de Poitiers remirent à Charles VII un long exposé dont les conclu-

sions seules ont survécu. Ce rapport commence
par féliciter le roi d'avoir procédé dans cette
affaire avec lenteur et maturité et d'avoir fait
étudier sérieusement la Pucelle, se conformant
ainsi aux conseils de la Sainte Ecriture. Il constate ensuite que, depuis six semaines, la jeune
fille a été examinée, tant publiquement que
secrètement, par des savants, des gens d'Eglise,
des chefs militaires, de nobles et prudentes
dames; qu'elle a reçu la visite d'un grand
nombre de personnes de toutes conditions, et
qu'en elle on n'a pas trouvé de mal, mais, au
contraire, bonté, virginité, dévotion, honnêteté
et simplicité. Puis il déclare que de sa naissance comme de sa vie on raconte des choses
merveilleuses; pour le miracle qu'on lui demande, elle répond que ce sera la délivrance
d'Orléans, parce qu'ainsi Dieu le veut. Il conclut donc qu'il faut, plein d'espérance surnaturelle, la conduire avec des soldats devant
Orléans, car douter d'elle ou la délaisser sans
apparence de mal serait résister au Saint-Esprit
et se rendre indigne des grâces divines.

La sentence de Poitiers a une importance
capitale dans la carrière de l'héroïne : elle ré-
sume l'avis de savants ecclésiastiques qui,
sans parti pris, se sont prononcés en sa faveur.
On ne pouvait ici invoquer ni pression ni influence quelconque, puisqu'à cette époque
Jeanne n'était pas encore un personnage politique.

L'arrêt des docteurs fut rendu au nom de
l'archevêque de Reims; parmi les juges plusieurs devinrent évêques peu après. L'Envoyée

du Ciel, malgré son impatience de combattre, a docilement répondu à leur appel; elle a paru devant eux sous son habit d'homme et de guerrier et ils ont loué sa conduite, comprenant que si Dieu la voulait dans les camps, elle devait adopter la tenue des camps. La vierge lorraine a donc été de prime abord examinée par l'Eglise et approuvée par elle.

Il faut insister sur ce point. Plus tard, en effet, un complot sera ourdi contre Jeanne par un misérable prélat vendu aux Anglais; et, dans la suite des siècles, tous les impies, tous les ennemis de la vérité fermeront les yeux sur le jugement de Poitiers (le seul vrai et impartial fait au nom de l'Eglise, du vivant de la Pucelle), pour jeter à la face du catholicisme l'acte inique accompli par un sectaire qui n'appartenait au sacerdoce que par son caractère, et nullement par les sentiments de son cœur ni par l'esprit qui le guida.

Mais nous qui cherchons la lumière, nous devons le proclamer bien haut; l'Eglise, par ses incorruptibles représentants, approuva Jeanne et sa mission, elle bénit la noble enfant avant qu'elle s'élançât, sur l'ordre de Dieu, contre l'envahisseur pour reconquérir la patrie opprimée et lui conserver son titre de Fille aînée de l'Eglise en même temps que son rôle providentiel.

A peine la sentence de l'Université lui fut-elle parvenue officiellement que Charles VII confia à la reine de Sicile l'organisation d'un convoi de vivres destiné à Orléans; il la chargea également de convoquer dans la ville de Blois les troupes que devrait commander la Pucelle.

Dès le 20 avril, le roi nomma Jeanne chef de guerre et attacha à sa personne, en qualité d'aide de camp le plus sage et le plus courtois des preux de France, Jean d'Aulon. Le souverain quitta Poitiers le lendemain en compagnie de la jeune fille; toute la ville vint assister à ce départ, témoignant un enthousiasme indescriptible envers la vaillante Lorraine qui portait un équipement militaire d'emprunt avec autant de grâce que si, depuis son enfance, elle n'eût fait autre chose que le métier des armes.

ÉCU DE JEANNE LA PUCELLE

DEUXIÈME PARTIE

TRIOMPHANTE ET MÉCONNUE

CHAPITRE PREMIER

L'ARMURE, L'ÉPÉE, L'ÉTENDARD DE JEANNE D'ARC — SA MAISON MILITAIRE — JEANNE ARRIVE A BLOIS ET Y RETROUVE SES FRÈRES — ÉTAT MORAL DES HOMMES D'ARMES — LA PUCELLE RAPPELLE AUX SOLDATS LEURS DEVOIRS RELIGIEUX

De retour à Chinon, Charles VII s'occupa aussitôt de procurer à la Pucelle un habillement de guerre qui lui appartînt en propre. Tours possédait une des principales fabriques d'armures de l'époque ; elle appartenait à Colas de Montbazon. On a des raisons de croire que cet armurier fut désigné pour équiper l'héroïne. Ici encore Dieu allait intervenir.

Quand la noble enfant entendit le roi parler au fabricant de l'épée qu'il aurait à lui fournir :

— Gentil prince, dit-elle, ne songez pas à mon épée, le Roi du ciel y a pourvu lui-même.

— Comment cela, Jeanne ?

— Mes Voix m'ont révélé que Dieu a voulu choisir l'arme qu'il me destine, elle repose depuis longtemps dans la chapelle de Sainte-Catherine de Fierbois. Envoyez-la quérir, sire, on la reconnaîtra à cinq petites croix qui sont gravées près de la garde de cette épée. Elle se trouve non loin de l'autel.

A ces mots, chacun était dans la stupéfaction : allait-on vraiment faire la découverte indiquée?

Colas de Montbazon se rendit à Sainte-Catherine de Fierbois où, des recherches ayant été faites, on aperçut à l'endroit désigné un vieux coffre renfermant plusieurs épées toutes rouillées. Après examen, on remarqua sur l'une d'elles les cinq petites croix. Les ecclésiastiques de Sainte-Catherine, émerveillés, entreprirent de nettoyer l'arme; ce faisant, ils constatèrent, non sans étonnement, que la rouille tombait d'elle-même. Un fourreau de velours vermeil fut aussitôt commandé par eux pour envelopper l'acier sacré; les habitants de Tours voulurent en offrir un autre en drap d'or; mais Jeanne s'en procura un troisième de cuir solide.

Charles VII fut ravi d'apprendre l'heureux résultat des recherches et prescrivit au messager de porter le glaive merveilleux à Tours, où se trouvait la jeune fille.

Le souverain avait confié la Pucelle à une vertueuse personne nommée Eléonore de la Pau, épouse d'un notable bourgeois touran-geau, Jean du Puy. La future guerrière reçut dans cette famille le plus gracieux accueil; c'est là que lui fut présentée l'épée miraculeuse de Fierbois, ainsi que toutes les pièces de son armure : la dame de la Pau les essaya à son hôtesse; Jeanne était heureuse de s'en revêtir. Ainsi munie, elle pourrait bien besogner contre les ennemis, quand Dieu le commanderait.

Il est temps de mentionner ce qui, de l'aveu de l'héroïne, était la pièce principale de son équipement : l'étendard.

— Je l'aimais quarante fois mieux que mon épée! disait-elle un jour.

Avant de quitter Poitiers, la jeune Lorraine avait fait confectionner un simple pennon d'étoffe blanche portant en son centre l'écu qu'elle avait adopté : une colombe blanche sur fond bleu avec l'inscription : *De par le Roy du ciel*. Mais bientôt saint Michel, sainte Catherine et sainte Marguerite lui donnèrent l'ordre de prendre un étendard symbolisant sa mission divine. Jeanne confia son exécution à Hennes Polnoir; tout fut strictement réglé d'après les indications des célestes conseillers. Le peintre se procura une bande solide de toile fine formant rectangle et dont l'extrémité présentait deux pointes. Sur la face principale et selon l'ordre exprès de Dieu, on peignit Jésus-Christ étendant la main droite pour bénir, et tenant de la gauche la boule du monde surmontée d'une croix. A ses côtés, deux anges prosternés lui offraient une fleur de lis; vers les pointes du pennon, les mots : *Jhesus, Maria*. Sur l'autre face, près de la hampe, les armes de France soutenues par deux anges, au-dessous de l'écu précédemment choisi par Jeanne.

Plus loin, la scène de l'Annonciation, un ange à genoux devant la Sainte Vierge et disant : *Ave Maria*. Le champ blanc de la bannière était semé de fleurs de lis d'or et ses bords largement frangés.

L'œuvre achevée, la jeune fille en fut fort satisfaite. Au mois de janvier suivant, voulant remercier l'artiste qui l'avait exécutée, elle sollicita la ville de Tours de faire cent écus de dot à la fille d'Hennes Polnoir, sur le point de se marier.

Le roi ayant assigné rang de comte à la Pucelle, lui constitua une maison militaire. Sous ses ordres et la surveillance de Jean d'Aulon, il plaça une compagnie composée d'un certain nombre d'hommes d'armes, parmi lesquels nous retrouvons Jean de Metz et Bertrand de Poulengy ; eux-mêmes commandaient à plusieurs serviteurs. Quant au page Louis de Coutes, on lui adjoignit un jeune noble du nom de Raymond ; enfin, un bon religieux Augustin, Fr. Pâquerel, choisi par Isabelle Romée, devint le fidèle aumônier de Jeanne.

Cependant la cité orléanaise, pressée de plus en plus par les Anglais, réclamait à grands cris la Libératrice. Celle-ci, accompagnée des sires de Rais et Ambroise de Loré, se mit en route et atteignit Blois dans la soirée du 24 avril. Une douce surprise l'y attendait. Ses frères Jean et Pierre, répondant à ses désirs, venaient d'arriver, eux aussi, et la volonté royale les avait inscrits comme hommes d'armes dans la compagnie de leur sœur.

Le lendemain, le premier soin de la pieuse

JEANNE D'ARC (Statue de Chapu.)

enfant fut de faire bénir son étendard dans la collégiale de Saint-Sauveur; ensuite elle s'occupa de l'organisation de sa petite armée.

Blois est le poste avancé le mieux situé pour communiquer avec Orléans; aussi, quelle animation et quelle confusion règnent dans ses murs aux derniers jours d'avril 1429! La reine Yolande a soigneusement préparé le convoi de vivres. En même temps, de toutes les directions, les débris des bataillons précédemment vaincus accourent à l'appel du roi. Ils sont maintenant nombreux.

Mais quelle troupe étrange et bizarre! A cette époque malheureuse, la plupart des soldats ne sont que des pillards sans mœurs comme sans aveu; ils utilisent leur force pour opprimer les faibles, pour voler ce qu'ils peuvent atteindre hors de la surveillance de leurs chefs; quant à la religion, ils l'ont mise en oubli et ne se souviennent de Dieu que pour le blasphémer. Toute cette cohue connaît les nouvelles en bloc; elle sait qu'une vierge est là, se disant envoyée du ciel et promettant de conduire les armées de France à la victoire. Un grand nombre regardent avec mépris cette jeune fille qui prétend commander à des hommes, et, bien haut, l'on affirme qu'elle ne sera pas obéie. La Hire, entendant la menace, a compris le danger national de cette rébellion; convaincu de la mission divine de Jeanne, ce généreux guerrier ne craint pas de manifester sa confiance en elle. Au milieu des murmures et des colères qui grondent, il quitte le rang et, lentement, de sa mâle voix, prononce ces solennelles paroles :

— Je jure de vous suivre, Jeanne, moi et
toute ma compagnie, là où vous voudrez nous
mener.

Devant une déclaration aussi catégorique,
venant d'un chef aussi respecté, les mécontents
se turent.

La Pucelle eut grande joie de ce revirement;
mais il lui restait un devoir autrement difficile à accomplir. Ses Voix lui disaient que
Dieu n'entendait pas se servir pour délivrer la
France d'hommes souillés de crimes, et que
tous ceux qui marcheraient à sa suite auraient
d'abord à purifier leur âme.

Amener à se confesser de tels soldats et de
tels chefs était un miracle que Dieu seul pouvait opérer. C'est donc de lui seul que Jeanne
attendra cette victoire comme toutes celles
qu'elle remportera dans l'avenir.

En effet, elle appela son aumônier.

— Frère Pâquerel, lui dit-elle, il faut convertir
nos soldats. Procurez-vous immédiatement une
bannière représentant Notre-Seigneur Jésus-
Christ en croix, avec la Sainte Vierge Marie et
saint Jean à ses côtés; puis, ordonnez à tous les
prêtres de se réunir avec vous, matin et soir,
en plein air, autour de cet étendard.

Cet ordre fut exécuté aussitôt. Jeanne se
rendit elle-même près de la bannière, et l'on se
mit à chanter des cantiques et des hymnes en
l'honneur de la Mère de Dieu. On priait pour
la conversion des guerriers et le salut des
armes de France. Les soldats qui erraient inac-
tifs furent bientôt attirés par la nouveauté du
spectacle et s'avancèrent en foule pour prendre

part à cette pieuse assemblée. Ces scènes faisaient revivre en eux le souvenir et l'amour de
la religion qu'ils avaient oubliée dans la vie
des camps. Mais la Pucelle, s'adressant à tous,
s'écriait avec son autorité de chef :

— Que pas un ne se joigne à nous qu'il ne
soit confessé; les prêtres qui m'entourent rece-
vront immédiatement les confessions.

Ainsi fut fait : l'armée, sous l'impulsion de
la grâce, recourut presque tout entière au sacre-
ment de Pénitence. L'effet moral fut immense,
la grâce transforma ces gens bien confessés et
de bonne volonté. Aussi Michelet a-t-il raison
de dire :

Ils avaient rajeuni, ils se retrouvaient comme en
leurs belles années, tous jeunes comme Jeanne,
tous enfants..... Avec elle ils commençaient une
nouvelle vie.

A la tête d'une telle armée, la vierge inspirée
pouvait courir sus aux Anglais. Mais les
Saintes ont rappelé à la Pucelle que la loi divine, comme le droit des gens, exige que tout
acte d'hostilité soit précédé d'une proposition
pacifique. Dans ce but, elle a envoyé aux Anglais deux messagers, Guyenne et Ambleville,
pour leur remettre la belle lettre que nous
avons déjà transcrite.

CHAPITRE II

Deux routes conduisaient directement de
Blois à Orléans : l'une, sur la rive droite de la
Loire, et que sur le conseil de ses Saintes Jeanne
avait choisie, présentait de grands obstacles et de
sérieux dangers, mais permettait d'arriver jusqu'aux murailles de la ville même qu'on voulait
secourir. L'autre, celle de la rive gauche, offrait
de réels avantages: les Anglais y avaient beaucoup moins de points fortifiés, elle était favorable
pour l'embarquement du convoi sur le fleuve,
mais obligeait à traverser la Loire avant de
parvenir aux Orléanais. Regnault de Chartres,
ainsi que les autres chefs parmi lesquels La
Hire, les sires de Gaucourt, de Rais, de Boussac,
Ambroise de Loré ne voulurent écouter que la
prudence humaine. Ils feignirent de s'en remettre
à la Pucelle, mais en réalité ils la trompèrent
et l'engagèrent sur la rive gauche du fleuve.

Le 27 avril l'armée se mit en marche : elle
était précédée de la bannière de Jésus en croix,
que Jeanne lui avait donnée, et du clergé qui
chantait le *Veni Creator* et d'autres hymnes.

Ah! ne crains rien, vaillante armée française, c'est bien ainsi qu'il te convient d'avancer sous l'étendard de Jésus-Christ, ses prêtres implorant pour toi le secours de l'esprit de vérité et de victoire. Va, l'assistance divine est avec toi, elle t'est venue visible et tangible dans la personne de cette jeune vierge, envoyée du Très-Haut. Comme autrefois David marchant contre Goliath, elle n'a placé son espoir ni dans la force des armes ni dans la valeur des combattants, mais dans l'aide du Tout-Puissant qui la soutient de sa main protectrice.

On campa une première nuit. Jeanne, fidèle à ses chastes habitudes, ne se dévêtit pas; bien mieux, elle conserva sa pesante armure, inaugurant une pénitence d'un genre nouveau et d'une exceptionnelle rudesse qu'elle observera, d'ailleurs, durant toute sa vie guerrière. On devine qu'au lieu de repos elle ne trouva que souffrance; pourtant, elle ne se plaignit pas, heureuse d'offrir pour la France ce sacrifice qui sera suivi de tant d'autres.

Après avoir entendu la Messe, célébrée par son aumônier, à laquelle elle communia avec plusieurs hommes d'armes, Jeanne remonta en selle. Dans l'après-midi du 28 avril, on aperçut les murailles d'Orléans; la jeune fille les salua d'un vif élan de cœur. Mais sa joie est de courte durée, car bientôt elle découvre qu'on l'a trompée sur la route à suivre et que la marche du convoi est arrêtée par la Loire. Cette première défiance afflige profondément l'héroïne qui voyant Dunois empressé, venir au-devant de sa troupe, pousse son cheval droit vers lui :

— Est-ce vous, lui dit-elle, qui êtes le bâtard d'Orléans?

— Oui, répond le noble chef, et je suis bien heureux de votre venue.

— Est-ce vous qui avez donné l'ordre que j'arrive de ce côté, et que je n'aille pas directement là où se trouvent Talbot et les Anglais?

— Oui, pour plus de sûreté, et de plus sages que moi sont du même avis.

— Au nom de Dieu, le conseil de mon Seigneur est plus sage que le vôtre. Vous avez cru me tromper, et c'est vous-même qui vous trompez, car je vous amène meilleur secours qui soit jamais venu à général ou ville quelconque : c'est celui du Roi du Ciel. Ce secours ne procède pas de moi, mais de Dieu qui, à la prière de saint Louis et de saint Charlemagne, a eu pitié d'Orléans et n'a point voulu souffrir que les ennemis eussent à la fois et le duc et sa ville.

Le bâtard d'Orléans fut d'autant plus impressionné de cette réponse qu'un prodige l'accompagna. Il était alors lui-même dans le plus cruel embarras. En effet, au moment où il abordait Jeanne, les chalands destinés à porter les vivres se trouvaient immobilisés : les eaux étaient trop basses pour qu'ils pussent remonter le fleuve et, de plus, un fort vent d'Est les poussait en aval.

— Mais, prenez patience, avait assuré l'héroïne aux hommes d'armes qui s'étaient aperçus de ce contre-temps, tout le convoi entrera dans la ville.

Et voici que, peu après, sans que rien

permît de le prévoir, le vent tourna à l'Ouest, et la crue se produisit ; les bateaux n'eurent qu'à se confier.en leurs voiles.

Ainsi Jeanne était à peine arrivée en vue d'Orléans que Dieu se déclarait, par un prodige, en faveur de la ville assiégée.

Afin de nous rendre un compte exact des faits qui vont se dérouler, étudions avec clarté mais brièveté les positions respectives des forces en présence.

Orléans est situé sur la rive droite de la Loire, qui coule rapide à quelques pas de son enceinte, au midi de la ville. Un vaste pont relie la cité avec la rive gauche, c'est-à-dire avec les provinces du Sud de la France. Les mesures prises par les Orléanais à l'annonce de l'approche des Anglais avaient été radicales : non seulement ils avaient amoncelé les munitions et les vivres, appelé de valeureux défenseurs, fortifié leurs murailles et construit des ouvrages avancés, mais ils avaient sacrifié leurs faubourgs, les plus beaux du royaume, et s'étaient décidés à détruire et brûler tout ce qui pouvait servir d'abri aux assaillants ; les ruines fumaient encore quand l'armée anglaise campa en vue de la ville.

C'était, nous l'avons vu, le 12 octobre 1428. Les ennemis étaient pleins d'entrain, néanmoins ils ne tardèrent pas à s'apercevoir que la puissance des murs d'Orléans, et surtout l'ardeur patriotique des habitants, leur opposeraient une énergique défense. Ils résolurent donc d'enfermer la place par un rigoureux blocus afin d'affamer ses défenseurs.

Aussitôt ils se mirent à l'œuvre, et, après un combat acharné, occupèrent le 24 octobre le fort des Tourelles, qui défendait l'entrée du grand pont sur la rive gauche. Ils s'y établirent, le fortifièrent et en firent leur poste avancé.

Sur cette rive, non loin et en avant du fort, se trouvaient les débris d'un couvent de religieux Augustins; dans le courant de décembre les Anglais le transformèrent en forteresse et l'entourèrent d'un boulevard (sorte de rempart). Le 30 décembre, ils construisirent une nouvelle bastille sur les ruines de l'église Saint-Laurent, détruite par les Orléanais eux-mêmes; cette église était située, comme la cité, très près de la Loire, sur sa rive droite, à 800 mètres environ du côté de l'Ouest; au milieu du fleuve, devant Saint-Laurent, il y avait alors l'île Charlemagne, aujourd'hui disparue : l'ennemi y plaça une forteresse le 1er janvier 1429, puis le 6 de ce mois, il en fonda une autre sur la rive gauche, en face de l'île Charlemagne et de Saint-Laurent, à l'endroit que l'on appelait le champ Saint-Privé. Il interceptait ainsi le cours inférieur de la Loire et mettait en communication ses postes des deux rives.

Peu après, sur la rive droite et au Nord de Saint-Laurent, s'élevait une sixième redoute, celle de la Croix-Boissée. Le 10 mars, les Anglais s'emparèrent de la côte escarpée de Saint-Loup, également sur la rive droite, mais à l'Est, c'est-à-dire à l'opposé de la bastille Saint-Laurent. Ils y établirent une forteresse, afin de couper le fleuve de ce côté comme de l'autre.

JEANNE D'ARC (Statue de FOYATIER.)

Ceci achevé, ils continuèrent leurs travaux à l'Ouest; dix jours plus tard, en effet, ils bâtissaient près de la Croix-Boissée, mais en s'éloignant de la Loire, la bastille dite de Londres qu'ils firent suivre, en contournant la ville, de deux nouvelles forteresses: celle du pressoir Ars, nommée Rouen, terminée le 9 avril, et celle de Saint-Pouair ou de Paris. Toutes ces bastilles étaient reliées par un fossé profond.

Au Nord-Est, **entre** Saint-Pouair et Saint-Loup, il y avait encore un espace ouvert représentant le quart environ du périmètre de la cité. A dessein, les Anglais ne le traitèrent pas comme le reste du pourtour. Voici pourquoi: d'abord la forêt, qui s'étendait alors de ce côté à trois quarts de lieue de la ville, aurait fourni aux troupes venant au secours d'Orléans une trop grande facilité d'attaque contre les ouvrages édifiés à cet endroit; ensuite un fossé, courant de forteresse en forteresse tout autour de la place, eût formé une seconde enceinte immense, bien malaisée à protéger en raison de la longueur du fossé, dont chaque point eût requis une défense aussi sérieuse que les remparts même d'une ville assiégée. Dans ces conditions, les Français auraient eu beau jeu. De plus, en voulant affamer Orléans, l'envahisseur songeait à se nourrir lui-même, et les vivres que l'on tenterait de faire arriver par là aux assiégés devaient être pour lui une source commode de subsistances.

Mais, tout en laissant un passage aux convois français, les ennemis avaient eu soin de

construire secrètement, au milieu de la forêt,
une puissante bastille, d'où, observant les
routes qui s'avançaient sous bois et cachés
ainsi aux yeux de leurs adversaires, ils opére-
raient sûrement sur toutes les expéditions assez
téméraires pour s'aventurer dans ces parages.

Enfin, aux environs du 20 avril, les Anglais
fortifièrent Saint-Jean-le-Blanc, en face de
l'île aux Toiles, et en firent un guet destiné
à barrer le passage aux petits convois de bes-
tiaux venant de la Sologne, qui, au risque
d'être pris, auraient pu atteindre Orléans par
cette voie.

Telle était la position des lignes ennemies à
la fin d'avril 1429. Normalement, pour les
forcer, il eût fallu mettre en œuvre une armée
considérable. Et même, en cas de succès, que
de difficultés à vaincre, que de temps à dé-
penser pour prendre une à une tant de formidables forteresses ! On comprend donc pourquoi le roi et son Conseil, les docteurs et le
Parlement considéraient la levée du siège, avec
les faibles forces alors disponibles, comme un
vrai miracle et l'acceptaient aisément comme
preuve de la mission divine de la Pucelle.

Cependant, la première prophétie de l'héroïne
s'était accomplie : Orléans était ravitaillé.

Puisqu'on n'avait pas voulu suivre la rive
droite, il s'agissait maintenant de retourner à
Blois chercher le second convoi qui y était préparé et de revenir de l'autre côté du fleuve...
Jeanne voulait accompagner les troupes dans
cette seconde marche, mais sur les instances
de Dunois elle pénétra dans la ville, avec les

huit cents hommes destinés à renforcer la garnison, à la condition pourtant que les prêtres et la bannière de Jésus crucifié reprendraient avec les hommes d'armes-le chemin de Blois et les ramèneraient de même jusqu'aux remparts d'Orléans.

CHAPITRE III

Jeanne la Pucelle fit son entrée dans Orléans
le vendredi 29 avril, à 8 heures du soir. Elle
était revêtue de son armure, montée sur un
cheval blanc et faisait porter devant elle son
étendard. A sa gauche, le Bâtard d'Orléans,
magnifiquement paré; derrière elle, des gentilshommes, des capitaines et les gens de
guerre qu'elle amenait, puis les habitants
accourus au-devant d'elle. A l'entrée de la
ville s'avancèrent pour la recevoir la garnison
et les bourgeois avec un grand nombre de
torches allumées, manifestant une extrême
allégresse; toute cette multitude l'accompagna
par les rues de la ville, lui témoignant un profond respect. L'on arriva enfin à l'*Hôtel de*
l'Annonciade, demeure de Jacques Boucher,
trésorier du duc d'Orléans, où la vaillante
guerrière fut chaleureusement accueillie. Le
souper était somptueusement servi, mais
Jeanne, qui jeûnait chaque vendredi, ne voulut
accepter que du pain trempé dans du vin mêlé

d'eau. Elle alla ensuite prendre son repos et désira comme compagne de lit une enfant de dix ans, Charlotte, la fille de ses hôtes.

Le lendemain matin, une foule avide de contempler la Pucelle était réunie devant l'*Hôtel de l'Annonciade.* Cette dernière ne crut pas devoir résister à l'empressement de ceux qu'elle venait sauver au nom de Dieu.

Montée sur son cheval blanc, elle s'avança à travers les rangs pressés de la multitude. Ce fut alors un enthousiasme indescriptible ; tous les regards lui disaient l'amour plein d'espoir des Orléanais ; les mains étaient tendues vers elle, on voulait baiser ses pieds, tout au moins la toucher. Son coursier était comme immobilisé par ce flot humain, on s'attachait à sa croupe, on saisissait ses harnais..... Il semblait qu'il portait Dieu lui-même..... Au Maître du ciel, d'ailleurs, l'humble paysanne faisait remonter ce triomphe, elle savait que sa seule force venait d'En-Haut, et, par son cœur virginal, toutes les bénédictions de la foule allaient au Christ qui aime les Francs.

Pauvres Orléanais, ils ont tant souffert pendant ces six longs mois de siège ! Le blocus les enserre de plus en plus, et la disette menace d'être plus meurtrière que le fer anglais.

Mais leur joie à cette heure est immense ; ils s'en vont, répétant partout :

— Par le moyen de la Pucelle, nous allons enfin échapper à nos ennemis !

Le premier soin de la pieuse vierge fut de se diriger tout d'abord vers la cathédrale dédiée à la Sainte Croix, afin de rendre à Dieu un hom-

mage public ; puis elle alla trouver le Bâtard
d'Orléans pour l'entretenir des affaires militaires. Elle demandait que l'on mît les troupes
en marche dès ce jour-là et que l'on organisât
une attaque générale contre les Anglais, chose
qu'elle ne put obtenir en aucune façon, aussi
rentra-t-elle fort mécontente. C'est que, en
effet, l'Inspirée possédait par ses Voix des lumières qui manquaient aux capitaines. Pour
dénouer la situation, il eût fallu une foi pleine
et entière dans la mission surnaturelle de
Jeanne. Hélas ! la plupart d'entre eux étaient
fort éloignés de cet état d'âme et bien peu y parvinrent jamais.

Ne pouvant combattre, la Pucelle continuait
l'éducation religieuse de son armée, s'attaquant
aux rapines, à la luxure et au blasphème. Elle
n'oubliait pas non plus ses devoirs de chef de
guerre ; une chose la peinait surtout, c'était le
sort de son héraut Guyenne, prisonnier des
Anglais. Ceux-ci, voulant rassurer leurs troupes
saisies d'effroi à la pensée de lutter contre une
Envoyée du ciel, cherchaient à prouver que
Jeanne n'était qu'une sorcière ; ne pouvant la
livrer elle-même au bûcher, ils déclarèrent,
suivant la coutume barbare de l'époque, que
son messager serait brûlé en sa place. L'héroïne
dicta alors une nouvelle sommation pour les
Anglais, dans laquelle elle réclamait aussi la
liberté de Guyenne.

Dès cet instant, une inexplicable et miraculeuse crainte s'empara des ennemis :

Tandis qu'auparavant, dit textuellement Dunois,
les Anglais avec 200 des leurs mettaient en fuite

8oo ou 1 ooo des nôtres, il nous suffit de 4 ou 5oo hommes de guerre pour lutter contre toute la puissance des Anglais !

Jeanne, ayant reçu de la part des adversaires les plus injurieux qualificatifs, se persuada, dans sa naïve candeur, qu'en prenant personnellement contact avec eux elle ferait tomber leurs infâmes préjugés ; elle alla sur le pont de la Loire, jusqu'au poste le plus avancé des Orléanais, le boulevard de Belle-Croix, situé en face du fort des Tourelles. De là, elle demanda à parler à l'un des chefs : ce fut Glasdall qui parut, elle lui cria de se rendre. Pour toute réponse, Glasdall et les Anglais l'injurièrent grossièrement, l'appelant vachère et lui promettant de la faire brûler si elle tombait jamais en leur pourvoir.

Pleine de douleur, elle adressa à l'insulteur ces paroles phrophétiques :

— Bientôt les Anglais seront mis en déroute et ils se retireront du siège d'Orléans ; quant à toi, Glasdall, tu ne seras pas témoin de ces faits, car tu mourras avant qu'ils soient accomplis.

Le lendemain 1er mai, le Bâtard d'Orléans, d'Aulon et plusieurs autres partirent pour Blois chercher l'armée de renfort. Utilisant ces délais, la Pucelle allait à travers la ville, prodiguant à chacun des paroles d'inébranlable confiance en l'avenir.

A ceux qui la visitaient dans la demeure de Jacques Boucher elle répétait les plus tendres consolations, montrant l'amour de Dieu comme la source infaillible des espoirs qu'elle prêchait, puis elle ajoutait :

— Notre-Seigneur m'a envoyée secourir la bonne ville d'Orléans !

Le clergé admirait l'ardente piété de la jeune fille et témoignait d'une grande édification devant les larmes abondantes qu'elle répandait pendant le Sacrifice de la Messe, au moment de l'élévation de la Sainte Hostie.

Cependant, plus la lutte semblait imminente, plus la conscience chrétienne de la Pucelle la poussait à tenter un suprême effort pour éviter l'effusion du sang. Elle se rendit donc à la Croix-Morin, poste avancé des assiégés, et là, sur la rive droite, elle réitéra l'invitation qu'elle avait faite à ses adversaires de la rive gauche.

— Si vous consentez à vous soumettre, leur cria-t-elle, je vous promets la vie sauve et la liberté de retourner en Angleterre.

Il va sans dire que sa seconde tentative eut le même résultat que la première :

— Voulez-vous, lui répondit le Bâtard de Granville, que nous nous rendions à une femme ?

Et il ajouta à l'adresse des guerriers qui l'accompagnaient de vils outrages, dont le but surtout était de salir la vierge de France.

Enfin, les troupes venant de Blois furent annoncées ; il avait fallu l'énergique intervention de Dunois pour décider les chefs à tenir leur promesse de venir rejoindre Jeanne.

Le mercredi 4 mai, dès l'aube, cette dernière sortit d'Orléans avec La Hire, Florent d'Illiers, le seigneur de Villars, Jamet du Thillay et environ 500 combattants. Elle rencontra l'armée de secours entre 6 et 7 heures du matin, à une petite lieue de la ville.

Toute cette troupe, avec les munitions, passa à peu de distance des forteresses anglaises, les prêtres chantant des cantiques. Parmi eux, Jean Pâquerel portait la bannière de Jésus crucifié; la Pucelle les précédait, son étendard à la main. Malgré l'avantage de leur position, les vainqueurs, glacés d'épouvante, n'osèrent attaquer cette minuscule armée qui traversait si bravement leur embuscade.

Aussitôt entrés en ville, les soldats prirent de la nourriture et du repos. Vers midi le Bâtard d'Orléans vint trouver Jeanne et lui annonça que Falstoff arrivait, amenant aux assiégeants des hommes et des vivres, et que déjà il avait été signalé à Janville.

— Bâtard, Bâtard, répliqua-t-elle en riant, je te commande, aussitôt que tu apprendras la venue dudit Falstoff, de m'en avertir, car, s'il passe sans que je le sache, je te ferai ôter la tête.

Le capitaine, sans se formaliser, lui répondit aussi en plaisantant de ne rien craindre, qu'elle serait informée à temps.

Pourtant, Dunois, pas plus que les autres chefs, n'avait encore une foi absolue dans le surnaturel talent militaire de l'héroïne. Certes, il la regardait comme une jeune fille pieuse, patriote, envoyée même de Dieu pour relever le moral des troupes et l'énergie abattue de la France, en prédisant à tous le triomphe à venir, mais il ne la considérait pas comme un vrai chef de guerre dont la direction amènerait la victoire. La preuve en est que, dans sa visite à la Pucelle, il lui avait caché la résolution prise

par lui et le Conseil d'engager immédiatement
la première action contre les Anglais.

Jeanne était fatiguée : levée de grand matin
elle avait chevauché toute la matinée. De plus,
elle était brisée par l'émotion toute naturelle
que lui causaient ses débuts dans le métier des
armes. Ignorant les projets d'attaque, elle se
retira dans sa chambre et, son armure enlevée,
se jeta toute vêtue sur son lit où elle s'endormit.

Tout à coup l'Inspirée entend ses Voix qui
l'avertissent. Elle se précipite hors de sa
couche, un cri sort de sa poitrine oppressée :

— Le sang de nos gens coule par terre.... .
Mes armes, mon cheval !

S'adressant à d'Aulon qu'elle a éveillé par
ses appels réitérés, elle s'écrie :

— Mon Conseil me dit d'aller contre les Anglais, mais je ne sais si je dois marcher contre
leur bastille ou contre Falstoff qui vient les ra-
vitailler.

Comme elle parlait ainsi, son aumônier et
d'autres prêtres pénétrèrent dans son logis, ils
l'entendirent se lamenter :

— Où sont ceux qui me doivent armer, le
sang de nos gens coule par terre ! Au nom de
Dieu, c'est mal fait ; pourquoi ne m'a-t-on pas
éveillée plus tôt ? Nos soldats ont bien à besogner devant une bastille. Mes armes, appor-
tez-moi mes armes, et amenez-moi mon cheval !

Autour d'elle, on ne savait que penser, car
les rues étaient calmes et silencieuses. La vaillante enfant descendit dans le bas de la maison
et rencontra, devisant avec la maîtresse de
céans, son page Louis de Coutes.

— Ah! sanglant garçon, s'écria-t-elle, vous ne me disiez pas que le sang de France fût répandu!

Elle envoya quérir son cheval, remonta précipitamment dans sa chambre prendre son armure. D'Aulon finissait de l'ajuster quand on entendit du tumulte dans la ville. Il se hâta de s'équiper lui-même.

Cependant Jeanne est déjà au seuil de la porte, elle se met en selle. Alors seulement s'apercevant qu'elle a oublié sa bannière, elle ordonne à Louis de Coutes de la passer par la fenêtre. Saisissant le précieux emblème, elle se dirige au triple galop du côté de la porte de Bourgogne. Au grand ébahissement de tous, elle suit sans guide le chemin le plus direct vers un endroit que nul ne lui a désigné.

D'Aulon et Louis de Coutes montent en selle à leur tour, et, malgré une course accélérée, ne parviennent à la rejoindre qu'à l'entrée de la ville où le flot des assiégés revenant sur leurs pas l'avait arrêtée.

Là, l'héroïne rencontre des blessés. A ce cruel spectacle son âme patriotique et compatissante est remplie de douleur :

— Jamais, dit-elle, je n'ai vu couler le sang français sans sentir mes cheveux se dresser sur ma tête.

Ce sang noblement versé, il faut le venger.

Devant elle se dresse la bastille de Saint-Loup. Depuis une heure, 1500 Français, sortis d'Orléans sans avoir prévenu l'Envoyée de Dieu, en continuent l'attaque; mais la résistance opiniâtre des Anglais arrête l'élan des

assaillants qui tombent en grand nombre, tués
ou blessés.

Fendant la foule des fuyards et suivie seulement de quelques chevaliers, la guerrière
pousse son cheval droit aux remparts du poste
ennemi ; les siens l'accueillent par un cri de
joie. Elle, sûre de la victoire, fait proclamer
d'ores et déjà, par un héraut, défense de piller
'église Saint-Loup située au milieu du retranchement ennemi ; puis elle donne le signal de
'assaut. Dès lors, les Français se sentent invulnérables. En vain Talbot s'efforce-t-il de secourir la bastille menacée : aussitôt 600 chevaliers et hommes d'armes, s'avançant hors
d'Orléans sous le commandement du maréchal
de Boussac et du baron de Coulanges, arrêtent
les ennemis qui arrivent. Pendant ce temps,
Jeanne s'empare de la bastille. Après trois
heures de lutte les Anglais de Saint-Loup sont
vaincus : 114 des leurs sont tués, les autres
blessés ou faits prisonniers. Mais à peine le
regard protecteur de la Pucelle abandonne-t-il
ces derniers, que les Orléanais, exaspérés par
les rigueurs du siège, les massacrent tous sans
pitié.

Nos soldats pénètrent dans l'église Saint-
Loup, la respectant pieusement suivant l'ordre
reçu, et voici qu'ils y trouvent des Anglais qui,
pour échapper à la vengeance de leurs vainqueurs, ont revêtu les habits sacerdotaux. A ce
spectacle inattendu, les Français s'arrêtent
hésitants : les vêtements d'emprunt qui cou-
vrent ces hommes donnent-ils droit à la vénération dont on entoure les choses saintes ? Les

JEANNE D'ARC ACCLAMÉE PAR LE PEUPLE (Peinture murale de LENEPVEU.)

opinions sont partagées, quand survient l'héroïne :

— Respectez ces hommes, à cause de leurs habits, dit-elle. Je les fais mes prisonniers, gardez-les près de moi, et tout à l'heure en ma compagnie, vous les reconduirez dans mon propre logis.

Car elle a appris avec une immense douleur la destinée subie par les autres captifs.

Victorieuse alors, la Pucelle contempla pour la première fois l'horreur d'un champ de bataille. En songeant au sort éternel de tous ces morts elle se prit à pleurer amèrement, puis elle ordonna aux guerriers qui l'entouraient de se confesser pour demander pardon au Seigneur des fautes que, dans l'enivrement du triomphe, ils avaient pu commettre en se livrant au carnage et à la rapine. Prêchant d'exemple, elle se confessa elle-même immédiatement.

— Et maintenant, s'écria-t-elle, en route pour Orléans ! Allons d'abord aux églises rendre gloire à Dieu de l'avantage qu'il nous a donné ; si nous étions ingrats, il ne serait plus avec nous et ne nous donnerait plus la victoire !

Toutefois, en se retirant, elle fit mettre le feu à la bastille pour enlever aux Anglais l'espoir d'y revenir.

Lorsque Jeanne rentra dans la cité toutes les cloches sonnaient le *Te Deum*, mettant l'allégresse et la confiance au cœur des assiégés, tandis qu'elles retentissaient aux oreilles des ennemis comme un glas funèbre et un présage d'irrémédiable défaite.

CHAPITRE IV

Le lendemain de cette première victoire était
le jour de l'Ascension. Il fut convenu que pour
mieux célébrer la fête on ne s'armerait pas.
Jeanne se confessa et communia, puis elle promulgua solennellement une ordonnance qu'elle
avait déjà intimée plusieurs fois à ses troupes
et à l'exécution de laquelle elle tenait pardessus tout. La voici en substance : défense
formelle à tout soldat de combattre le lendemain sans s'être confessé et ordre exprès de
chasser de l'armée toutes les femmes de mauvaise vie, parce que, disait l'Envoyée du ciel,
pour punir les péchés des hommes, Dieu permet
la perte des batailles.

Sublime leçon dont tous les siècles et le
nôtre en particulier peuvent profiter. Ceux qui
se préparent à lutter doivent se réconcilier
eux-mêmes avec Dieu, le grand scrutateur des
âmes, avant d'oser se proclamer ses justiciers.

Cependant, les chefs tinrent un Conseil de
guerre et n'y convoquèrent pas la Pucelle; ils
y décidèrent une attaque réelle contre les bas-

tilles de la rive gauche, en même temps qu'une fausse attaque contre le gros des Anglais fortifiés sur la rive droite, feinte destinée à détourner l'attention des ennemis et à les empêcher de se porter en masse sur la rive gauche.

Quand la délibération fut achevée on songea à faire connaître à la jeune fille ce qui avait été arrêté ; mais quelques-uns furent d'avis de lui cacher la moitié du plan convenu. Comme le chancelier du duc d'Orléans lui faisait cette communication incomplète :

— Dites donc ce que vous avez conclu, s'écria Jeanne, d'un ton plein de reproches, sans cela je vous cacherai, moi, un bien plus grand secret que celui-là.

— Ne vous fâchez pas, reprit Dunois, parce que nous ne vous avons pas tout exposé d'une seule fois.

Alors, il révéla à l'héroïne le plan en son entier, elle s'en montra satisfaite :

— Pourvu toutefois, ajouta-t-elle, qu'on l'exécute tel que vous venez de l'expliquer.

De nouveau, elle avait raison, car ce plan habilement combiné ne fut jamais mis en œuvre.

Dans la journée du lundi, la Pucelle, toujours préoccupée de ne pas avoir à se reprocher le sang versé, envoya un dernier message aux Anglais. Par le succès remporté la veille, elle leur avait offert, jugeait-elle, une preuve suffisante de sa mission surnaturelle, ils devaient reconnaître maintenant qu'elle venait de Dieu. Elle résolut donc de tenter auprès d'eux un suprême effort, espérant les décider à éviter, par une sage retraite, un inutile carnage.

Candide enfant! Son regard éclairé par la lumière divine voyait les événements au point de vue de la justice et du droit. Il lui semblait qu'il suffisait de montrer la vérité aux hommes pour les forcer à s'incliner devant elle : elle ignorait encore jusqu'où va l'aveuglement de l'esprit et l'obstination du cœur, quand l'intérêt et les passions masquent le vrai ou empêchent de l'admettre et de le suivre.

Aussi la guerrière dicta-t-elle ces lignes à son aumônier :

Vous, hommes d'Angleterre, qui n'avez aucun droit sur le royaume de France, le Roi du ciel vous ordonne et mande par moi que vous laissiez vos bastilles et vous en alliez dans votre pays, ou sinon je vous infligerai une telle défaite, qu'il en sera perpétuelle mémoire. Voilà ce que je vous écris pour la troisième et dernière fois, et je ne vous écrirai pas davantage. ✝ *Jhesus-Maria.*

Et plus bas :

Je vous aurais fait parvenir ma lettre plus honorablement, mais vous emprisonnez mes gens. Vous avez retenu mon héraut Guyenne; rendez-lui la liberté et je vous enverrai quelques-uns des vôtres pris à la bastille Saint-Loup, car ils ne sont pas tous morts.

S'avançant alors jusqu'aux avant-postes avec son billet, Jeanne l'attacha elle-même à une flèche et ordonna à un arbalétrier de la lancer aux ennemis, pendant qu'elle leur criait :

— Lisez, voici des nouvelles.

Les Anglais ramassèrent la flèche, et, ayant parcouru le message, répondirent à son auteur :

— Oui, ce sont des nouvelles de la prostituée des Armagnacs.

En entendant cette injure, la jeune vierge soupira et pleura amèrement, puis se tournant vers Dieu, elle le prit à témoin de son innocence et l'appela à son aide. Tout aussitôt ses Voix lui parlèrent, elle se sentit consolée et dit à son entourage :

— J'ai eu des nouvelles de mon Seigneur.

Le vendredi 6 mai, la Pucelle et ses gens assistèrent de grand matin à la Messe du Fr. Pâquerel. Vers 9 heures, elle sortit de la ville accompagnée des plus braves chevaliers et suivie de 4 000 hommes environ.

Le poste extrême des Anglais, du côté de la Sologne, était le guet de Saint-Jean-le-Blanc; moins fortifié que les bastilles, il avait surtout pour objet de surveiller le passage du fleuve. Devant lui se trouvait une île appelée île aux Toiles et séparée seulement de la rive gauche par un étroit canal. L'endroit se prêtait donc merveilleusement à une attaque contre les Anglais; aussi fut-ce là que nos soldats, amenés sur de nombreuses embarcations, vinrent se placer en bataille.

Avec deux bateaux ils firent ensuite un pont qui leur permit de rejoindre la rive gauche.

Sur ces entrefaites on vit flamber Saint-Jean-le-Blanc. Les ennemis, n'y étant plus en sûreté, abandonnaient ce poste pour se réfugier dans la formidable bastille des Augustins, construite un peu au-dessus du fort des Tourelles, et défendant, comme lui, l'entrée du pont.

En voyant leurs adversaires se replier, les
Français hésitent à continuer l'action; mais
Jeanne, entraînant avec elle une partie de l'in-
fanterie, prend les devants et va établir ses
positions dans le faubourg du Portereau, qui
entoure les deux forts anglais. S'avançant de
là jusque sous le feu et les traits des ennemis,
elle plante son étendard sur le bord du rempart qui défend la bastille des Augustins.

Cependant un frisson de terreur parcourt
les rangs des soldats qui l'ont suivie; le bruit
s'est répandu parmi eux que des Anglais arrivent en nombre de la rive droite porter secours
à leurs postes attaqués; la panique ne tarde
pas à se répandre et à s'accentuer; toutes les
compagnies tournent le dos l'une après l'autre,
se retirent en hâte et se précipitent dans l'île
qu'ils viennent de quitter. Cinq ou six guerriers seulement demeurent avec la Pucelle et
la ramènent de force vers Orléans. D'ailleurs,
comment ne pas reculer? Les Anglais, témoins
du mouvement des Français, sortent en foule
de leurs bastilles et menacent les quelques
braves qui tiennent tête. Mais Jeanne est là,
soutenant leur courage et s'opposant intrépide aux rangs ennemis; hélas! elle entend
aussi les injures dont ils l'accablent, les huées
qu'ils poussent sur les Français. Enfin, tous
les nôtres sont en sûreté dans l'île aux Toiles.
L'héroïne n'a plus à les protéger.

Mais c'en est trop pour son noble cœur de
battre en retraite si longtemps. Ses Voix célestes ne lui ont-elles pas prédit la victoire? En
avant donc, sus aux Anglais!

Et la Pucelle, accompagnée de La Hire, de quelques capitaines, fond, la lance au poing, sur les envahisseurs et les charge avec une incroyable vigueur. L'ennemi ne comprend rien à cette subite volte-face; il est dispersé par la poursuite sur un chemin découvert loin de ses retranchements. A son tour, il fuit, et bien lestement, car l'armée française, ralliée, a repris son sang-froid. En tête s'élancent ses braves chefs, honteux de la défaite, et brûlant de la réparer.

Au début du combat, deux soldats de la compagnie de Jean d'Aulon se provoquent, et pour trancher leur querelle qui s'envenime, ils conviennent de courir ensemble à l'ennemi afin de donner la mesure de leur vaillance et de leur courage. Ils s'élancent donc et leur capitaine ne peut résister à l'envie de rejoindre ces intrépides. Tous trois sont bientôt devant le retranchement. Là, un colosse anglais dont les coups terribles tiennent les Français à distance, leur barre la route; l'écuyer de Jeanne aussitôt désigne cet homme au célèbre canonnier Jean le Lorrain, qui l'abat d'un seul coup de sa couleuvrine. Alors, les deux hommes d'armes pénètrent dans la bastille, suivis de leur chef et d'une multitude de combattants.

C'est le moment précis où l'héroïne vient de planter pour la seconde fois son étendard sur le rempart, et le fort redoutable des Augustins se trouve ainsi emporté de vive force.

Pendant cette lutte, la Pucelle, bien que blessée au pied par une chausse-trape, ne quitta pas un instant le commandement et se

distingua par une incroyable bravoure autant
que par son habileté militaire.

On découvrit aux Augustins un grand
nombre de prisonniers de guerre français et
un butin considérable. Jeanne rendit la liberté aux captifs, mais craignant que ses
hommes, en s'amusant au pillage, ne se lais-
sassent surprendre par un retour offensif de
l'ennemi, elle fit incendier la forteresse. Quant
aux Anglais qui la défendaient, la plupart
furent tués ; quelques autres, et avec eux Glasdall, n'eurent que le temps de se jeter dans la
bastille des Tourelles qui était toute proche.

La Libératrice la fit investir immédiatement,
désirant l'attaquer le lendemain : des bataillons furent établis en face de ses murailles.
Malgré sa blessure et son immense fatigue,
Jeanne eût bien voulu rester aux avant-postes ;
mais les chefs la supplièrent de rentrer dans
Orléans ; elle y consentit, sachant bien d'ailleurs
que sa présence était nécessaire en vue de l'assaut qu'elle préméditait pour le lendemain.

Avant de se retirer, l'Inspirée, à la stupéfaction générale, dit aux capitaines :

— Par mon martin, je prendrai demain les
tours de la bastille du pont et ne rentrerai dans
Orléans qu'elle ne soit aux mains du bon roi
Charles !

De retour à l'*Hôtel de l'Annonciade*, la
Pucelle fut contrainte de faire une exception à
sa pieuse habitude de jeûner le vendredi : à
bout de forces elle dut prendre un repas un
peu plus substantiel. Elle le terminait, lorsqu'un noble chevalier se présenta au nom des

PORTRAIT DE CHARLES VII

capitaines royaux qui avaient tenu Conseil. Certes, tous les chefs reconnaissaient d'un commun accord que la victoire obtenue était une grande grâce de Dieu, étant donné le petit nombre de Français en comparaison des forces anglaises, mais la ville étant pleine de victuailles et en état d'attendre un nouveau secours du roi, ils avaient décidé de ne pas combattre le lendemain. C'était pousser trop loin la défiance envers le ciel et son Envoyée, le jour même où, de leur propre aveu, elle venait de fournir une nouvelle preuve de sa divine mission.

C'est pourquoi Jeanne, relevant la tête, répondit solennellement au chevalier :

— Vous avez été à votre Conseil, et moi aussi j'ai été au mien. Or, sachez que le Conseil de mon Seigneur s'accomplira et demeurera stable tandis que le vôtre périra.

Puis, se tournant vers Fr. Pâquerel, présent à ce colloque :

— Demain, lui dit-elle, levez-vous de très grand matin, de meilleure heure qu'aujourd'hui, et faites en tout pour le mieux que vous pourrez. Tenez-vous toujours auprès de moi, car j'aurai en ce jour beaucoup à besogner; j'accomplirai de plus grandes choses que je n'ai faites jusqu'ici. Oui, demain je serai blessée et le sang sortira de mon corps à la poitrine.

Elle mit fin à l'entretien en renouvelant la prophétie de la veille relative aux Tourelles. Cette prophétie semblait à tous irréalisable; quant à sa blessure, dès Chinon, la Pucelle l'avait annoncée à Charles VII et un monument authentique de cette première prédiction a survécu, il se trouve dans les archives nationales de Belgique.

La nuit fut fort agitée dans les deux camps. Les ennemis l'employèrent à évacuer et à brûler leur bastille du champ de Saint-Privé ; c'était, avec les Tourelles, le dernier poste qu'ils occupaient sur la rive gauche, ils en retirèrent la garnison dans la bastille Saint-Laurent, leur position principale de la rive droite.

CHAPITRE V

Le samedi 7 mai, avant l'aube, Jeanne entendit la Messe de son aumônier, et, après avoir
communié avec grande ferveur, elle revêtit son
armure. Au moment où elle franchissait le seuil
de sa demeure, un homme lui offrit une alose,
fruit de sa pêche nocturne.

La Pucelle étant encore à jeun, Jacques
Boucher voulut la retenir et lui dit :

— Mangeons ce poisson, avant votre départ.

— Gardez-le jusqu'au soir, répondit-elle,
car je vous amènerai un *godon* (1) qui en
prendra sa part, et je repasserai le pont après
avoir pris les Tourelles.

Plusieurs personnes étaient présentes. Cette
affirmation les étonna profondément, car le
pont d'Orléans était à moitié détruit.

Aussitôt, la guerrière, accompagnée de
plusieurs soldats et d'une multitude de gens,
s'avança vers la porte de Bourgogne. En
vertu de la délibération du Conseil, cette porte,
étroitement gardée par un détachement que

---

(1) Ou *goddam,* sobriquet désignant les Anglais.

surveillait Raoul de Gaucourt, avait été fermée
avec défense absolue de l'ouvrir. Quand l'héroïne arriva, elle fut donc arrêtée dans sa
marche, mais une partie de la foule exaspérée
entreprit de briser cet obstacle, tandis que des
hommes résolus allaient menacer Gaucourt
dont la vie fut un instant en péril. Les bourgeois en armes s'écriaient :

— Noble Pucelle, nous vous requérons d'accomplir la mission que Dieu et le roi vous ont
confiée !

La jeune fille, très émue, répondit :

— Au nom de Dieu je le ferai. Qui m'aime
me suive !

Calmant alors le peuple, elle alla droit au
gouverneur et lui dit :

— Vous êtes un méchant homme, mais,
que vous le vouliez ou non, les soldats passe-
ront et ils triompheront aujourd'hui comme
ils ont triomphé hier !

Puis, donnant des ordres aux gardes eux-
mêmes, elle se fit ouvrir cette porte ainsi
qu'une poterne située près de la grosse tour,
permettant d'aboutir directement à la Loire.

Le soleil se levait à l'horizon lorsque Jeanne
traversa le fleuve ; elle vint aussitôt rejoindre
ceux qu'elle avait quittés la veille devant les
Tourelles. Cependant les chefs restés dans
Orléans, apprenant son départ, s'empressèrent
de la suivre pour ne pas lui laisser à elle seule
l'honneur de la victoire. Bientôt Dunois, La
Hire, Rais, Graville, Poton de Xaintrailles,
Thibaut d'Armagnac, Guillaume de Gamaches,
Louis de Culant, Gaucourt lui-même et d'autres

furent autour d'elle. Prendre de vive force une place aussi puissante que les Tourelles était chose presque impossible. En effet, la bastille, entourée d'un fossé plein d'eau et protégée par un rempart redoutable, avait encore comme première sauvegarde d'autres fossés larges et profonds; de plus, elle était munie d'une excellente artillerie. Aussi les Français, réunissant leurs moyens d'attaque, lui opposèrent-ils toutes leurs bouches à feu et leurs machines de guerre.

L'action ne tarda pas à s'engager.

La garnison anglaise renfermée dans les Tourelles était disposée à vaincre ou à mourir.

Les Français, de leur côté, excités par l'exemple et la parole de la Pucelle, faisaient des prodiges de valeur. Entrant dans les fossés malgré l'artillerie et les flèches des adversaires, se hissant par tous les moyens jusqu'à la hauteur du rempart, ils se croyaient, semblait-il, invulnérables. Mais quand ils étaient arrivés au faîte des fortifications, les lances, les haches, les maillets de plomb s'abattant sur eux, rendaient leurs efforts inutiles. Sans se décourager, ils recommençaient bravement l'assaut. Jeanne, au premier rang, servant de cible à l'ennemi, loin de s'en émouvoir, ne paraissait que plus ardente et ne cessait de crier :

— Espérez en Dieu, les Anglais seront battus, la place est vôtre !

Toutefois, les forces humaines ont une limite.

Vers une heure de l'après-midi, la jeune fille

voit ses soldats épuisés. Elle seule, soutenue
par la force d'En-Haut, est toujours remplie de
la même vigueur. L'heure de la victoire pré-
dite par ses Saintes n'a-t-elle pas encore
sonné?

Voulant à son tour tenter l'assaut, elle s'empare d'une échelle et la dresse contre le rempart. Les Anglais ont reconnu celle qu'ils
exècrent; leurs meilleurs archers la visent,
une grêle de traits s'abat sur elle et une flèche
lui transperce l'épaule.

La Pucelle roule dans le fossé. A cette vue,
les ennemis bondissent de joie et de triomphe,
tandis que les Français sont saisis d'épouvante.

On emporte l'héroïne loin du rempart; elle
est déposée sur l'herbe, le trait sortait d'un
demi-pied de l'autre côté de la poitrine. Se
voyant si blessée et souffrant beaucoup, la
douce vierge eut peur et se mit à pleurer.

C'est ici que nous pouvons reconnaître tout
le mérite de l'humble paysanne qui ne remplit
sa mission qu'en immolant sa nature, au prix
de l'effort le plus sublime. Bientôt, elle refoule
au fond du cœur toutes ses répugnances,
étouffe son cri de douleur et renouvelle sa volonté d'être tout entière à Dieu et à la patrie.
Cependant, Fr. Pâquerel, Dunois et tous les
chefs entourent l'infortunée guerrière. Plusieurs hommes d'armes parmi ceux qui s'ap-
prochent, voyant le sang s'échapper à flots et
la jeune fille pleurer, offrent de la guérir par
quelques sortilèges et de *charmer* sa blessure.
A cette proposition inattendue, Jeanne répond
vivement :

— J'aimerais mieux mourir que de commettre un péché. La volonté de Dieu soit faite! Si l'on sait à mon mal quelque remède permis, je veux bien qu'on l'emploie.

A ce moment, ses célestes visions se manifestent à elle; leur voix bien-aimée, une fois de plus, promet la victoire. Son courage et ses forces renaissent aussitôt.

— Je suis bien consolée, dit-elle.

Puis, énergiquement, elle arrache elle-même le trait de la blessure et, sur la plaie, on applique une compresse d'huile d'olives. Immédiatement après, elle se confesse, en versant d'abondantes larmes.

Profitant de cet instant, les chefs se sont retirés et ont tenu un rapide conseil. Pourquoi s'obstiner à continuer un combat qui tourne si mal? La prudence ne veut-elle pas qu'on rentre dans Orléans pour réparer tant de pertes et attendre de nouveaux renforts? Les capitaines sont unanimes sur ce point; ils se dirigent donc vers la blessée et lui annoncent leur décision. En vain, plus courageuse que ces vieux guerriers, la jeune fille les supplie-t-elle de tarder encore un peu; ses paroles enflammées ne trouvent pas d'écho dans leur cœur; elle entend le Bâtard d'Orléans donner l'ordre de sonner la retraite.

Alors Jeanne tressaille, elle se relève comme si elle n'avait aucun mal, et avec le ton de l'autorité leur communique la volonté du ciel :

— Au nom de Dieu, s'écrie-t-elle solennellement, vous entrerez bientôt dans les Tourelles.

Quand vous verrez flotter mon étendard vers
la bastille, reprenez vos armes, elle sera vôtre.
Maintenant, reposez-vous un peu, buvez et
mangez pour prendre des forces.

Ce langage viril ébranle les chefs; ils se
sentent irrésistiblement gagnés et obéissent.

Quant à la Pucelle, au lieu de manger ou de
se reposer, elle demande son cheval. Oubliant
fatigue et blessure, elle saute en selle, laisse
son étendard aux mains de d'Aulon et se dirige avec un chevalier vers une vigne située à
quelque distance. Là, elle met pied à terre et
dit à son compagnon :

— Ne quittez pas des yeux mon étendard;
quand il touchera le rempart, avertissez-moi.

Ensuite, elle s'agenouille, se recueille en
Dieu, réclamant son puissant appui et montrant une fois de plus à l'armée et à la France
que du ciel lui vient tout son secours.

Pendant qu'elle prie, d'Aulon ne peut contenir sa généreuse ardeur. Il confie l'étendard
à l'un des plus braves soldats de sa compagnie,
nommé le Basque. Puis, se couvrant de son
bouclier, pour se protéger des pierres lancées
par les Anglais, il s'avance dans le fossé, suivi
de près par son compagnon. La bannière flottant au gré du vent touche bientôt le rempart.
Le chevalier en observation s'écrie :

— Jeanne, la queue y touche!

La vaillante guerrière remonte immédiatement à cheval, et piquant des deux vers l'ennemi :

— En avant! En avant! s'exclame-t-elle.
Tout est vôtre!

JEANNE D'ARC A L'ASSAUT DES TOURELLES
(Fresque de LENEPVEU, au Panthéon.)

Elle s'élance vers son étendard qu'elle veut reprendre en main, mais le Basque ne prétend pas se séparer du précieux dépôt et avec lui se porte contre le rempart. L'héroïne le suit, traverse le fossé ; rejoignant enfin le soldat, elle lui enlève sa bannière, puis, d'un geste énergique, la plante dans le remblai de l'ouvrage assiégé en répétant :

— Tout est vôtre, entrez ici !

Les Français électrisés se précipitent à l'assaut. Ils ressentent je ne sais quelle miraculeuse force ; eux-mêmes racontèrent plus tard qu'ils gravirent le rempart escarpé aussi facilement qu'ils eussent monté les marches d'un escalier.

Les Anglais, remplis de stupeur à la vue de Jeanne qu'ils croyaient avoir tuée, sont saisis d'une terreur subite. Ils abandonnent en foule la courtine pour se renfermer dans l'intérieur même des Tourelles dont les sépare seulement un pont de bois jeté sur le fossé que forme un bras du fleuve. A la tête des siens, la vierge lorraine se met à la poursuite des ennemis dont Glasdall protège la retraite à l'arrière-garde.

La Pucelle lui crie :

— Glasdall ! Glasdall ! Rends-toi au Roi du ciel. Tu m'as appelée prostituée ; mais j'ai grand'pitié de vos âmes.

Sourd à cette offre de pardon, l'insulteur s'engage tout armé sur le pont. Tout à coup, un sinistre craquement se fait entendre, et le pont, miné par le feu d'un brûlot amarré sous lui, s'effondre, entraînant dans la Loire le malheureux chef avec bon nombre de ses meilleurs guerriers. Ainsi s'accomplit la prophétie faite par l'Inspirée, trois jours auparavant.

Cependant, les habitants de la cité ne sont pas demeurés oisifs. Ce sont les hommes d'Orléans qui ont amené là le brûlot qui a causé la mort des Anglais. Ils ont fait plus; avec des échelles et des poutres, ils ont remplacé tant bien que mal les arches détruites du grand pont et rétabli ainsi les communications entre Bellecroix et les Tourelles. Sur ce passage improvisé, Nicolas de Giresme, commandeur de Saint-Jean de Jérusalem, s'élance le premier, suivi d'audacieux combattants. Malgré l'héroïque défense des adversaires, il escalade cette partie des Tourelles, au moment même où Jeanne y pénétrant de l'autre côté fait flotter à leur sommet son étendard victorieux.

La nuit était arrivée : la Libératrice resta pourtant quelques heures encore dans la forteresse conquise, redoutant une nouvelle attaque sur la rive droite. Voyant que tout était calme, elle se décida à rentrer en ville, où déjà, dans chaque église, les prêtres avaient entonné le *Te Deum* au son joyeux de toutes les cloches. Elle revint dans Orléans, comme elle l'avait prédit le matin, par la pont de la Loire rétabli; Dieu sait avec quelle joie elle et ses gens furent reçus.

Pendant ce temps, d'Aulon faisait quérir un habile chirurgien pour panser la blessure de Jeanne. Enfin, la généreuse enfant, rendant grâces à Dieu, consentit à s'étendre pour prendre un repos nécessaire à ses membres brisés. Ce soir-là, bien qu'elle n'eût rien mangé de toute la journée, elle ne put goûter aucune nourriture, mais accepta un peu de vin, et encore y voulut-elle mêler moitié d'eau.

CHAPITRE VI

La nuit même qui suivit la prise des Tourelles, les Anglais tinrent Conseil. Quel parti
devaient-ils prendre? Ils avaient perdu la bastille de Saint-Loup sur la rive droite, à l'Est
de la ville, puis successivement toutes leurs
forteresses de la rive gauche. Orléans n'était
plus bloqué. Toutefois, il restait aux envahisseurs, à l'Ouest de la place, une suite de bastilles bien fortifiées et munies d'une excellente
artillerie. En sûreté derrière ces retranchements, n'était-il pas raisonnable de leur part
d'attendre les secours que le régent de France
leur préparait?

Volontiers les capitaines eussent accepté ce
parti, qui satisfaisait leur orgueil national et
leur bravoure, si une sérieuse objection n'avait
été soulevée : les troupes opposeraient-elles une
résistance capable de conjurer le péril présent?

Sur ce point, inutile de s'illusionner L'enthousiasme de l'armée était tombé; de plus, à

l'ardeur presque téméraire dont les Français faisaient preuve depuis six jours répondait chez les Anglais une véritable panique. Jeanne n'était pas seulement un guerrier habile, courageux, mais un être surnaturel devant lequel ils ne pouvaient s'empêcher de trembler. Le son de sa voix, la vue de son étendard les glaçaient d'effroi : il leur semblait que Dieu combattait contre eux.

Les chefs même ressentaient au plus intime de leur être, sans oser l'avouer, quelque chose de cette crainte ; aussi redisaient-ils bien haut les mots de sorcellerie, suggestion diabolique, prétendant excuser ainsi leur défaite, espérant au moins par ces mensonges obscurcir le miracle de l'intervention divine en faveur de la France.

Devant cette situation le Conseil décida une retraite immédiate, mais il fallait à tout prix éviter la déroute et sauvegarder l'honneur de l'armée. Pour atteindre ce but, voici l'expédient que Talbot imagina.

Le dimanche 8 mai, les gens d'Orléans virent les Anglais quitter leurs bastilles et se ranger en bataille. Ils formaient deux corps qui paraissaient menacer la place ; selon les mœurs de l'époque, c'était une offre de combat. Les capitaines et les soldats français, quoique n'ayant fait aucun préparatif, sortent aussitôt de la ville pour répondre à l'invitation. Mais, cette fois du moins, on courut prévenir Jeanne. Le visage pâli par la souffrance, elle s'avance bientôt à cheval, revêtue d'une simple cotte de mailles à cause de sa blessure.

Rapidement elle dispose ses hommes en rang de bataille; néanmoins, guidée par ses Voix, elle défend d'engager l'action.

— C'est le plaisir et la volonté de Dieu, déclare-t-elle, qu'on permette aux Anglais de partir s'ils le veulent, mais s'ils nous assaillent, défendez-vous hardiment et n'ayez nulle peur, car vous serez les maîtres.

La Pucelle, cependant, n'oublie pas que ce jour est consacré au Seigneur et qu'il y a obligation d'entendre la Sainte Messe. Peut-il d'ailleurs se trouver un meilleur moyen d'invoquer le secours et la lumière du ciel? Elle fait donc construire un autel en plein vent; deux Messes sont célébrées devant toute l'armée et de nombreux Orléanais. Un profond recueillement ne cesse de régner dans cette multitude : les Anglais, immobiles, stupéfaits, n'ont garde d'interrompre la pieuse cérémonie. Au moment où la dernière Messe s'achève, Jeanne, toujours agenouillée, s'informe de quel côté sont tournés les visages des ennemis. Comme à l'assaut des Tourelles, comme maintes fois ensuite, pleinement remise aux mains de la Providence, elle sait par révélation le signe qui lui indiquera le vouloir divin.

La veille, c'était son étendard flottant contre les Tourelles; à présent, ses Voix lui inspirent qu'elle connaîtra la conduite à tenir par la direction dans laquelle se trouveront les visages des Anglais.

On lui répond qu'ils regardent la ville de Meung.

— Au nom de Dieu, dit-elle aussitôt, ils

s'en vont, laissez-les partir. Il ne plaît pas à Notre-Seigneur qu'on les relance aujourd'hui ; nous les aurons une autre fois. Allons maintenant rendre grâces à Dieu.

Tandis que les vaincus s'éloignaient honteux et désespérés, un spectacle tout opposé se déroulait du côté des nôtres. A la requête de Jeanne on se dirigea en procession vers les églises d'Orléans. La cité délivrée du joug de l'étranger inaugurait ainsi sa première et incomparable fête du 8 mai. Hier encore, cette imposante cérémonie était l'une des plus grandes réjouissances religieuses et nationales de notre belle France (1).

Une fois ses adversaires disparus, la Pucelle — sans doute après avoir pourvu à l'enlèvement des blessés amis et ennemis — permit aux soldats de la garnison et aux Orléanais de pénétrer dans les bastilles abandonnées. On trouva là de nombreuses machines de guerre et des vivres en abondance. C'est également dans une de ces bastilles que l'on découvrit, étroitement enchaîné, Guyenne, le brave héraut de Jeanne ; les vaincus, dans leur exaspération, avaient élevé le bûcher qui devait le brûler ; mais ils avaient reculé devant l'accomplissement de ce crime.

---

(1) Depuis 1429, le cortège formé par le clergé, les magistrats et l'armée, célèbre annuellement l'anniversaire de la délivrance d'Orléans. Quelques interruptions seulement eurent lieu aux pires époques de notre histoire. En 1907, la manie d'un pouvoir antireligieux a bouleversé le programme traditionnel et enlevé aux fêtes du 8 mai leur éclat séculaire.

Tout fut préparé ensuite pour le départ, et, dès le lendemain matin, la vaillante guerrière quitta la ville au milieu des témoignages les plus touchants de reconnaissance et d'affection de ses chers Orléanais. Ces premiers accents de l'allégresse générale étaient aussi ardents que sincères. Que de gratitude, en effet, les habitants devaient à leur Libératrice pour leur cité délivrée, leur vie sauvée, leur indépendance recouvrée! En sept jours, elle avait brisé le cercle de fer des bastilles, fait perdre à l'ennemi des centaines de combattants et réduit une des plus fières armées qui furent jamais au monde à battre en retraite précipitamment. La délivrance de la ville dans les circonstances déjà décrites, et par une jeune fille de dix-sept ans, est un miracle, *le plus grand miracle qui ait été accompli depuis la Passion de Notre-Seigneur*, au dire d'un contemporain. Orléans ne l'oubliera jamais, et l'humble fille de Domremy deviendra dans l'histoire la « Pucelle d'Orléans ».

Charles VII fut le premier à se réjouir, et comme nulle influence extérieure n'a eu le temps d'agir sur lui, la gratitude la plus entière emplit son âme. Elle se traduit, tout d'abord, par de ferventes actions de grâces à Dieu qui lui a envoyé le secours de cette vierge plus angélique que terrestre; puis il demande à son peuple des prières spéciales et de dévotes processions. Ce désir fut pieusement accueilli et religieusement exécuté par nombre de villes, entre autres Narbonne, Carcassonne, Brignoles, Châteaudun, Tournai, etc.....

Mais l'effet le plus grave et le plus important de la délivrance d'Orléans fut l'adhésion définitive de l'Eglise de France à la mission providentielle de la jeune Lorraine. Après l'examen de Poitiers et les victoires remportées par Jeanne d'Arc, on pouvait affirmer qu'elle était inspirée et envoyée de Dieu. Deux savants, dont la renommée alors était universelle, adoptèrent publiquement cette conclusion. L'un, l'immortel Gerson, écrivit un mémoire très concluant sur l'héroïne qu'il termine en affirmant que la venue de la Pucelle dans les rangs de l'armée française « est l'œuvre du Seigneur ». L'autre, Jacques Gélu, archevêque d'Embrun, guide de la conscience du roi, fit paraître un remarquable traité dans lequel il prouve surabondamment la divinité de la mission de Jeanne d'Arc. Ce qui ressort dans les travaux des deux grands hommes, c'est un sentiment profond de la situation, une clairvoyance extraordinaire de ce que l'avenir réservait à Jeanne et à la France. Combien seront inexcusables ceux qui bientôt négligeront les avis solennels d'une si prudente sollicitude pour la gloire et le bonheur de la patrie!

Le vendredi 13 mai, la Pucelle, après un court séjour à Blois, se dirigea sur Tours où Charles VII ne tarda pas à la rejoindre. Tous deux étaient à cheval; lorsqu'ils furent en présence, l'héroïne, son étendard à la main, se découvrit et s'inclina profondément. Le roi lui-même ayant ôté son chapeau la salua « et, comme il sembla à plusieurs, volontiers il l'eût baisée tant il avait de joie ».

Ensemble ils se rendirent aux logis qu'on leur avait préparés en ville. Aussitôt installée, la jeune fille sollicita une audience qui lui fut accordée ; s'agenouillant alors aux pieds du monarque, elle lui dit avec beaucoup d'humilité :

— Gentil Dauphin, venez recevoir à Reims la sainte et royale onction ! Je suis fort aiguillonnée de vous presser d'y aller ! N'hésitez pas, je vous en supplie, vous y recevrez votre digne sacre !

Mais l'auguste interlocuteur répondit sans doute que sur ce point important il devait prendre l'avis de ses ministres, car, peu après, Jeanne renouvela sa prière à Charles VII, entouré des membres de son Conseil. Malgré les instances de Jeanne, le projet fut déclaré d'abord impraticable. Hélas ! pour le malheur de la France, les grands de la cour n'acceptaient qu'à contre-cœur l'intervention divine, et aux avis du ciel ils voulaient toujours substituer leurs conceptions personnelles et les plans de leur humaine et courte sagesse. Le roi, pour trop longtemps encore, devait subir l'influence de ces hommes néfastes ; néanmoins, tous finirent par se rallier à l'héroïne lorsqu'il s'agit, à défaut du voyage de Reims, de déterminer le théâtre de la prochaine campagne militaire. On décida de déloger les Anglais des villes qu'ils occupaient sur les bords de la Loire.

Charles VII ne pouvant donner officiellement à la Pucelle le titre de commandant général de l'armée, Jean d'Alençon fut désigné à cet effet. Le jeune duc était, nous l'avons vu, proche

JEANNE D'ARC (Statue de Dubois.)

parent du roi et gendre du duc d'Orléans. Il
était accouru à Chinon dès qu'on lui eut annoncé l'arrivée de la vierge lorraine et avait
conçu pour elle un noble enthousiasme et une
affection pure. Néanmoins, il avait dû renoncer
à la suivre sous les murs d'Orléans, car, prisonnier de guerre sur parole, il ne pouvait
combattre qu'après avoir versé intégralement
à l'Anglais une énorme rançon. Il fut heureux
d'accepter le commandement que le souverain
lui proposait et se soumit sans hésiter à l'ordre
qui lui était donné « de se guider en toutes
choses et d'agir suivant le conseil de la
Pucelle ».

Tandis que le roi se dirigeait vers son château de Loches, le duc d'Alençon emmenait la
Libératrice à sa résidence de l'abbaye de
Saint-Florent. Elle fut tendrement choyée par
la mère et l'épouse du gentilhomme. Un vrai
culte du cœur vint se joindre à l'inclination
spontanée des nobles dames lorsqu'elles purent
juger par elles-mêmes de l'angélique pureté
de la jeune fille. Comme la duchesse d'Alençon
confiait à celle-ci ses mortelles angoisses au
sujet des nouveaux périls qu'allait courir son
époux, le ciel suggéra à sa privilégiée une
parole prophétique qui réconforta pleinement
la grande dame :

— Ne craignez point, lui dit-elle, je vous
rendrai votre mari sain et sauf.

Cependant, Charles VII était arrivé à Loches,
et la première visite qu'il y reçut fut celle
d'un envoyé spécial de la ville de Tournai,
venant lui exposer les sentiments de fidélité et

les vœux de ses concitoyens. Le monarque, touché de cette preuve de dévouement, adressa une longue lettre aux Tournaisiens, dans laquelle il fit mention de la victoire de Jeanne.

Sur ces entrefaites, la Pucelle et le duc d'Alençon s'étaient rendus eux aussi à Loches; tous insistaient pour l'entrée en campagne. L'héroïne souffrait de ces délais et répétait douloureusement au roi :

— Sire, je ne durerai guère plus d'un an, songez donc à faire beaucoup de besogne en cette année.

Un jour, obéissant à l'inspiration divine, elle vint, accompagnée du Bâtard d'Orléans, jusqu'à l'appartement particulier de Charles VII et frappa à la porte. Celui-ci était en conférence avec Christophe d'Harcourt, Gérard Machet et Robert le Masson; il fit entrer la guerrière, qui, se jetant aussitôt à ses pieds et embrassant ses genoux, lui déclara :

— Noble Dauphin, ne tenez plus tant ni de si longs Conseils, mais venez au plus tôt à Reims pour recevoir votre digne couronne.

Et comme le prince la regardait, ne sachant que répondre, d'Harcourt lui demanda si ses Voix l'avaient poussée à faire cette démarche.

— Oui, répliqua-t-elle, et je suis fort aiguillonnée touchant cette chose.

— Ne voudriez-vous pas, continua le gentilhomme, nous dire ici en présence du roi de quelle façon vos Voix vous parlent?

— Je comprends bien, dit la Pucelle en rougissant, ce que vous voulez savoir et je vous le dirai volontiers.

Néanmoins, elle était en proie à une visible émotion.

—Vous plaît-il, Jeanne, interrogea Charles VII avec bonté, de vous expliquer devant les personnes présentes?

Elle reprit :

— Quand je suis affligée de ce qu'on n'ajoute pas foi facilement aux choses que j'annonce de la part de Dieu, je me retire à l'écart et prie ce souverain Maître, me plaignant à lui et lui demandant pourquoi on ne croit pas mes paroles. Ma prière faite, j'entends une voix qui me dit : « Fille de Dieu, va! va! va! Je serai à ton aide, va! » Et quand j'entends cette voix résonner à mon oreille, j'éprouve une grande joie et je voudrais toujours être en cet état.

A mesure qu'elle parlait, la timidité de la jeune fille se dissipait pour faire place à l'enthousiasme de l'Envoyée de Dieu. En répétant les propos de ses Saintes, son visage rayonnait et son regard inspiré se levait vers le ciel.

Cette scène impressionna vivement le roi et les autres témoins; elle détermina enfin une résolution énergique chez le monarque. Décidé en principe à se rendre à Reims, il donna immédiatement des ordres précis pour l'expédition militaire contre les places de la Loire. C'était la préparation nécessaire de la campagne du sacre et, désormais, il apporta à ce projet toute la diligence possible

CHAPITRE VII

Loches est coquettement assis sur la rive gauche de l'Indre, au flanc d'une colline couronnée d'un majestueux château fort; près de ce dernier s'abrite le *Logis du Roy* où s'installèrent Charles VII, la Pucelle et la cour.

En ces derniers jours de mai 1429, le site, la saison, l'art humain se sont unis pour mettre autour de la Libératrice un cadre admirable; en même temps, Dieu fait triompher son humble auxiliaire : tous s'inclinent devant elle et la saluent comme l'ange sauveur de la patrie.

La Trémoille pourtant, dès l'arrivée de Jeanne à Chinon, avait pris la tête d'une sourde opposition contre elle, mais c'était en vain qu'il avait fait surgir sous ses pas les plus grands obstacles. Le ciel combattait pour sa douce messagère : de même que les examens avaient tourné en sa faveur, son angélique vertu forçait l'admiration générale, sa piété devenait de plus en plus édifiante, et, lorsque les larmes jaillissaient de ses yeux à la vue de la Sainte Hostie, on comprenait qu'elle pénétrait les secrets divins voilés aux regards des autres mortels. D'ailleurs elle prophétisait, elle accomplissait des prodiges, et ce que l'on proclamait comme n'étant pas le moindre, c'est qu'une jeune fille de dix-sept ans se fût montrée, en cette occasion, général accompli, connaissant tous les secrets de la guerre. De nombreux témoins oculaires célébraient à l'envi la science militaire de la Pucelle. Plus tard, le Bâtard d'Orléans, qui avait combattu à ses côtés, donna un rapport sur la vaillante enfant dans lequel les exploits chevaleresques y disputent aux faits miraculeux, et il fit précéder son récit de ces lignes :

« Jeanne, je le crois, a été envoyée par Dieu. Ses faits et gestes dans la guerre me paraissent le fruit, non d'une industrie humaine, mais de l'inspiration divine. »

La Trémoille, pour le moment, dut baisser la tête; son influence sur le roi s'effaça devant le souffle de Dieu. En vain essayait-il de murmurer bien bas des conseils de prudence humaine, ses efforts tournaient contre lui; une réelle intimité, fondée sur une vive estime mutuelle en même temps que sur l'intervention divine, s'établissait entre la paysanne et le souverain.

Cette angélique enfant, éteignant par sa seule approche le feu des mauvaises passions, répandait autour d'elle un rayonnement suave et pénétrant. Des scènes touchantes et expressives de l'enthousiasme populaire continuaient à se produire partout sur son passage. Un jour.

Pierre de Versailles, un des savants examinateurs de Poitiers, voyant la foule se précipiter sur l'héroïne sortie à cheval dans les rues de Loches, et lui baiser respectueusement les mains et les pieds, reprocha à la jeune fille de souffrir de pareilles manifestations qu'il traita d'idolâtrie.

— En vérité, répondit-elle doucement, je ne saurais me garder contre de telles effusions si Dieu lui-même ne me gardait.

La Pucelle, il est temps de le dire, n'était pas seulement envoyée par Notre-Seigneur pour remporter des victoires sur les champs de bataille, mais elle venait au nom du Très-Haut pour réformer la France ou mieux pour la refaire après les malheurs affreux qui l'avaient défigurée.

La première condition de ce prodige national devait être réalisée dans Jeanne elle-même; il fallait avant tout qu'elle demeurât pure et innocente.

— Pour être sauvée, disait-elle, je dois garder ma virginité d'âme et de corps.

Par la seconde condition, qui regardait à la fois le clergé et le peuple, elle exigeait un retour sincère à la religion chrétienne et à tous ses principes.

Le troisième point concernait les soldats : les licences impures, les blasphèmes et les rapines étaient proscrits de l'armée ; la fréquentation des sacrements y était ordonnée.

Enfin, la Libératrice prêchait l'union aux membres de la famille royale, leur demandant de se pardonner mutuellement les torts et les

JEANNE D'ARC (Tableau d'INGRES.)

injures et de renoncer aux haines anciennes.

Mais à Charles VII incombaient les plus grands devoirs; il lui fallait oublier les outrages, pratiquer la justice et la miséricorde envers tous ses sujets jusqu'au plus humble et surtout faire le don de son royaume au roi du Ciel.

L'héroïne attachait une importance capitale à ce dernier vœu. Oui, c'est pour ce divin Maître avant tout qu'elle prétend reconquérir la France, c'est sur le front du Christ qu'elle veut d'abord voir reposer la couronne de saint Louis.

Dans le château de Loches où la guerrière avait le droit de tout dire à son souverain, je ne doute pas qu'elle ne lui ait développé ses révélations sur ce point essentiel qui est la clé de l'intervention céleste accordant Jeanne à notre nation. J'incline à croire que c'est dans cette demeure royale que se passa la scène si touchante, racontée par le *Brevarium historiale :*

Un jour, la Pucelle demanda au roi de lui faire un présent. La requête fut agréée. Elle le pria alors de lui offrir en propre le royaume de France. Le prince étonné, après quelques hésitations, le lui accorda cependant et la jeune fille l'accepta. Elle voulut même que l'acte en fût solennellement dressé et lu par les quatre secrétaires du roi. La charte rédigée et récitée à haute voix, le monarque resta un peu ébahi, lorsque la jeune fille, le montrant, dit à l'assistance :

— Voilà le plus pauvre chevalier de son royaume.

Et après un peu de temps, en présence des mêmes notaires, disposant en maîtresse du royaume de France, elle le remit entre les mains du Tout-Puissant. Puis, au bout de quelques autres moments, agissant au nom de Dieu, elle investit le roi Charles du royaume de France, et de tout cela elle voulut qu'un acte solennel fût dressé par écrit.

C'est probablement après cette scène mémorable que le souverain, malgré les refus de l'humble Pucelle, lui attribua, par lettres patentes du 2 juin 1429, les très significatives armoiries que portera dans l'avenir la famille d'Arc : l'écu de France où la fleur de lis médiane est remplacée par la couronne royale que soutient une épée.

Tout en préparant l'expédition contre les villes de la Loire, Jeanne remerciait Dieu des engagements que Charles VII venait de prendre pour le bonheur de sa patrie. Hélas ! bientôt le monarque sera ressaisi par ses vils courtisans, il ne tardera pas à se détourner des révélations divines, et, juste châtiment de son crime, il terminera sa vie, entouré de femmes aux mœurs légères. Heureusement, ce prince connaîtra le repentir ; mais il est des fautes qui ont d'irréparables conséquences, et le nom de la triste Agnès Sorel entachera pour toujours la mémoire du roi que Jeanne instruisit de l'amour privilégié du Christ pour la France.

Le samedi 4 juin, l'héroïne abandonna la résidence de Loches afin de se rendre à Selles-en-Berry, et le lendemain Charles VII, dont le départ avait précédé le sien, lui faisait mander de venir à sa rencontre. Une lettre écrite par le seigneur de Laval à sa mère nous donne d'intéressants détails à ce sujet ; en voici un passage :

Le lundi, dit-il, je quittai le roi pour venir à Selles-en-Berry, à quatre lieues de Saint-Aignan. La Pucelle y était déjà arrivée et le roi la manda au-devant de lui, d'aucuns m'ont dit qu'il avait fait cela en ma faveur et afin que je la visse.

La Pucelle fit très bon accueil à mon frère et à moi; elle était armée de toutes pièces, sauf la tête; elle tenait une lance en mains.

A notre arrivée à Selles, j'allai la voir à son logis. Elle fit venir du vin :

— Je vous en ferai bientôt boire à Paris, me dit-elle.

Son fait, ses actions, la voir, l'entendre, sont choses toutes divines. Cette merveilleuse jeune fille a quitté Selles, ce lundi (6 juin), à l'heure des Vêpres, pour aller à Romorantin, avançant de trois lieues ses avant-postes. Je la vis monter à cheval sur un grand coursier noir, qui se démenait très fort à la porte de son logis et ne la laissait pas se mettre en selle :

— Menez-le, dit-elle alors, à la croix qui se trouve devant l'église, sur le chemin.

Aussitôt elle arriva à le monter, et le cheval ne bougea pas plus que s'il avait été lié. Puis elle se tourna vers la porte de l'église toute proche et dit avec une douce et claire voix de femme :

— Vous, prêtres et gens d'église, faites des processions et des prières à Dieu.

Elle se remit ensuite sur son chemin en faisant à ses hommes ce commandement :

— Allez de l'avant! Allez de l'avant!

Un gracieux page portait son étendard ployé; elle-même tenait en main sa petite hache. Un de ses frères, arrivé depuis huit jours, partit avec elle; il portait également une armure d'acier poli.

Aujourd'hui lundi, Monseigneur d'Alençon est arrivé à Selles avec une grande troupe.

Cette missive parle aussi de la pénurie des caisses royales. Il fallait de grosses sommes pour tenir campagne, et le trésor public était vide. La Trémoille, au contraire, possédait d'immenses richesses qu'il prêtait à Charles VII, moyennant des taux usuraires. C'est de cette façon que l'indigne favori relevait insensiblement son crédit au moment où celui de Jeanne allait le supplanter.

La Pucelle s'était mise en marche vers Orléans, et le 11 juin elle pénétra dans la cité, accompagnée du duc d'Alençon, de Dunois, de La Hire, des sires de Vendôme, de Gaucourt, de Boussac, etc.

Je laisse à penser l'accueil que fit à la Libératrice la courageuse cité. On voulut lui témoigner qu'on la considérait comme l'enfant d'Orléans. Non seulement on pourvut à l'entretien de son armée et à celui de ses frères, mais on lui offrit des vins d'honneur et, au nom du duc captif, de riches vêtements dont elle consentit à se parer, estimant avec raison que, pour un chef d'armée, ce moyen d'affirmer son autorité est presque de rigueur. Orléans, malgré l'épuisement auquel ses finances étaient réduites, n'hésita pas à s'imposer encore de lourds sacrifices pécuniaires; de plus, cette ville fournit aux combattants tout le matériel militaire qui leur manquait, pour aider au succès des armes de la jeune guerrière contre Jargeau, Beaugency et Meung.

Le 11 juin, l'armée française, forte de 8000 soldats, se dirigea vers Jargeau où les Anglais étaient établis depuis le 5 octobre. Dès l'arrivée en vue de cette place, les gens du commun qui avaient suivi la Pucelle, s'avancèrent à son insu du côté de l'ennemi. Suffolk organisa rapidement une vigoureuse sortie contre eux, mettant le désordre dans leurs rangs. Jeanne, prévenue, rallia la troupe régulière en s'écriant :

— Ayez bon courage et bonne espérance !

Le combat, cette fois, fut bien mené ; on repoussa les Anglais et l'on s'empara des faubourgs de Jargeau.

Mais voici qu'une inquiétante nouvelle ne tarda pas à se répandre : Falstoff, à la tête d'une armée, arrive, dit-on, au secours de la cité assiégée ; ce bruit sème l'effroi dans les cœurs et la division dans les esprits. Quelques compagnies s'enfuient affolées : la discorde menace de se mettre parmi les chefs. Heureusement, Jeanne est là, en quelques minutes elle ranime la confiance autour d'elle. Les préparatifs du siège sont repris avec vigueur, et bientôt notre artillerie tonne de toutes parts. Au milieu des assiégants, l'héroïne et le duc d'Alençon vont de l'un à l'autre, soutenant les courages, distribuant des conseils et des ordres. Tout à coup, la vaillante Lorraine, soit communication prophétique, soit coup d'œil militaire éprouvé, interpelle son noble compagnon :

— Jetez-vous de côté, mon beau duc, lui dit-elle, et vite, sinon cette machine-là vous tuera.

En même temps, du geste elle désignait sur le rempart de Jargeau, un canon ennemi dont un artilleur s'apprêtait à enflammer la mèche.

Le jeune prince suit le conseil sans aucun
retard ; il était temps. Quelques secondes à
peine s'étaient écoulées que le coup emportait
la tête du sire du Lude, qui, ignorant du danger,
s'était placé exactement à l'endroit occupé auparavant par le duc d'Alençon.

Toutefois le jour avait baissé et l'attaque
était devenue impossible. On prit donc des
mesures pour passer la nuit sur les positions
conquises.

— Il faut bien croire, déclara plus tard le
duc d'Alençon, que Dieu était avec nous, car,
cette nuit-là même, nos gens firent très mauvaise garde, et si les Anglais fussent sortis de
la ville, l'armée eût couru grand danger.

Dès le lendemain matin, le bombardement
de la place recommença avec intensité ; on
ordonna aux Français de tout disposer pour
l'assaut. Les adversaires se défendaient furieusement. Comme à la prise des Augustins, il y
avait parmi eux un soldat taillé en hercule qui
se portait vers les endroits les plus menacés,
et qui, brisant les échelles, jetant d'énormes
pierres, repoussait toujours les assaillants.
Mais l'artilleur Jean le Lorrain était là aussi.
Le duc d'Alençon lui désigna le colosse anglais ;
d'un coup de sa couleuvrine l'habile pointeur
abattit le géant dans la ville.

Bientôt l'attaque générale est décidée. Suffolk, qui en prévoit l'issue, essaie de parlementer, mais en vain. Tout ce que la Pucelle
accorde au capitaine, c'est de le laisser partir
tout de suite avec ses hommes désarmés et ses
chevaux ; le chef anglais refuse.

Les trompettes sonnent : les hérauts crient partout : « A l'assaut! » et Jeanne, s'adressant au prince d'Alençon lui-même :

— En avant, noble duc, à l'assaut!

Puis, comme il semblait hésiter un peu, elle ajoute familièrement :

— Ah! mon beau duc, as-tu peur? Ne sais-tu pas que j'ai promis à ta femme de te ramener sain et sauf?

La lutte terrible et meurtrière dura quatre heures. L'assaut se prolongeant, la Libératrice fait dresser une échelle, et, son étendard à la main, se précipite vers l'ennemi; elle avait dèjà gravi la moitié des échelons, quand une énorme pierre vient s'abattre sur son casque. Etourdie sous le choc, Jeanne tombe au fond du fossé, mais, se relevant aussitôt, elle excite ses hommes en leur disant :

— Amis, amis, sus! sus! Notre-Seigneur a condamné les Anglais! A cette heure ils sont nôtres! Ayez bon courage, en avant!

Les Français, électrisés, s'élancent de nouveau et la ville est prise d'assaut. C'est en vain que Suffolk essaye une fois encore de parlementer, les vainqueurs pénètrent dans la place et se livrent au pillage.

Les Anglais se retirent précipitamment sur le pont et veulent y organiser la résistance. Déjà les nôtres sont sur leurs talons et les attaquent. Leur général, serré de près par un écuyer nommé Guillaume Renault, interpelle celui-ci :

— Es-tu gentilhomme?

— Oui.

— Es-tu chevalier?

— Non.

Sur-le-champ Suffolk l'arme chevalier et se
rend à lui.

Du côté de la ville, nos soldats, ivres de
sang, massacrent leur prisonniers. Jeanne l'apprend trop tard, mais, voulant éviter le retour
des scènes de carnage qu'on venait de lui
décrire, elle fit monter sur les bateaux de son
convoi le comte de Suffolk et les hommes pris
sur le pont. C'étaient les seuls survivants des
6 ou 700 guerriers composant la garnison
anglaise de Jargeau.

CHAPITRE VIII

Après avoir arrêté les mesures nécessaires
pour la sûreté de la place conquise, la Pucelle
reprit le chemin d'Orléans afin de préparer ses
hommes à une deuxième marche en avant. La
tâche était lourde pour la vaillante enfant, car
7 000 soldats se trouvaient actuellement réunis
sous ses ordres. Hélas! déjà elle ne pouvait plus
compter sur celui qui aurait dû être son principal appui. Le roi, en effet, au lieu de se
mettre à la tête de l'armée où l'appelait son
devoir, commit l'impardonnable faute d'accepter l'hospitalité que lui offrait son perfide
ministre dans son château de Sully. Au milieu
des délices du riche manoir, Charles VII allait
commencer à méconnaître l'Envoyée de Dieu
pour s'abandonner derechef aux inspirations
de La Trémoille.

Le mardi soir, Jeanne dit à d'Alençon :

— Mon beau duc, je veux demain après-
midi aller voir ceux de Meung; faites que la
compagnie soit sous les armes en temps utile.

Le mercredi 15 juin, tout était prêt, et les troupes sortirent de la ville en belle ordonnance. Leur objectif était de s'emparer tout d'abord du pont de Meung par la rive gauche. Bien que la résistance fût très acharnée, les Français emportèrent la position en peu de temps, et, le jeudi, ils se dirigèrent sur Beaugency que Talbot avait quitté précédemment pour rejoindre Falstoff à Janville.

Cependant, à l'approche de la Pucelle, les Anglais s'étaient retirés, laissant seulement le pont bien gardé et le château aux mains d'une garnison résolue à le défendre énergiquement. Les Français disposèrent l'artillerie, puis commencèrent à bombarder le château et le pont dans la soirée; durant la nuit, on fit bonne surveillance afin d'éviter toute surprise.

Le lendemain matin parvint à l'armée une nouvelle capable de semer la division parmi ses chefs : le connétable de France, comte de Richemont, s'avançait avec un important corps de troupes, demandant à se ranger sous les ordres du duc d'Alençon. Rien de plus simple en apparence, mais le roi qui, sur les instigations du sire de la Trémoille, s'était brouillé avec le connétable, avait donné à d'Alençon défense expresse de le recevoir. En conséquence. le duc déclara qu'il se retirerait si l'armée accueillait Richemont :

— Avez-vous donc oublié, s'écria tout aussitôt l'Envoyée de Dieu, qu'hier soir on est venu vous annoncer au camp l'arrivée d'une nombreuse armée anglaise conduite par Talbot? A cette nouvelle, n'avez-vous pas crié aux armes?

ENTRÉE TRIOMPHALE DE JEANNE D'ARC
DANS LES VILLES DE FRANCE RECONQUISES

Et maintenant vous prétendez partir parce que Richemont vient s'offrir pour combattre? N'est-ce pas, au contraire, l'heure de s'entr'aider?

Le duc céda, puis Jeanne s'étant portée garant du consentement de Charles VII, le connétable jura devant elle et devant les seigneurs fidélité au roi, et il fut admis.

L'armée anglaise qu'on signalait était expédiée par Bedford, sous les ordres de Falstoff, au secours des places de la Loire. Le général ennemi avait d'abord marché lentement pour attendre tous les renforts envoyés de plusieurs provinces; il espérait toutefois arriver à temps pour sauver Jargeau quand il fut informé de la reddition de cette place. Ayant rallié peu après Talbot, celui-ci prit le commandement en chef et pressa les troupes de s'avancer vers Meung et Beaugency. Au contraire, Falstoff, tenant compte des revers successifs essuyés par ses compatriotes, n'était pas d'avis de livrer bataille; il exposa sa pensée au Conseil des capitaines.

— Nos soldats, leur dit-il, sont découragés par ces échecs; il est bien préférable de temporiser; nous disperserons nos hommes dans les diverses places fortes des environs, et ainsi nous attendrons les nouveaux renforts que le régent nous prépare. Pendant ce temps, les Français s'épuiseront à faire des sièges, et, quand notre armée sera au complet, nous aurons facilement raison de leurs troupes fatiguées.

Le plan était sage, mais Talbot, brûlant de venger ses récentes défaites, ne voulut rien entendre.

— Il faut combattre l'ennemi, répétait-il,
avec l'aide de Dieu et de saint Georges!

La plupart des autres capitaines partageaient
cette opinion. En vain Falstoff représenta-t-il
que si la fortune tournait contre eux, tout ce
que le défunt roi Henri avait conquis en
France au prix de tant de peine serait perdu,
ils s'obstinèrent dans leur projet, et la marche
sur Meung fut décidée.

Les Français, prévenus, laissèrent un Corps
d'observation devant le château de Beaugency et
vinrent de suite à la rencontre de leurs ennemis;
ils prirent position sur une éminence, tandis
que les Anglais se rangaient vis-à-vis d'eux en
ordre de bataille. Mais comme les soldats de
la Pucelle ne bougeaient pas, des hérauts les
défièrent, leur demandant de descendre dans
la plaine. Jeanne, qui était aux avant-postes,
répondit :

— Allez vous loger pour aujourd'hui, car il
est trop tard, mais demain, au plaisir de Dieu
et de Notre-Dame, nous nous verrons de plus
près.

Les ennemis se replièrent alors vers Meung
dont ils étaient encore les maîtres, et, pour ne
pas perdre de temps, ils résolurent d'employer
la nuit à bombarder le pont de cette ville que
les Français avaient fortifié.

Cependant, les soldats qui formaient la garnison du château de Beaugency, ayant vu les
assiégeants venir le soir occuper de nouveau
leurs positions du matin et apprenant en
même temps la retraite de l'armée de secours,
furent persuadés que les Anglais les avaient

abandonnés; aussi demandèrent-ils à capituler,
Les pourparlers durèrent jusqu'à minuit; enfin,
on tomba d'accord avec le bailli d'Evreux,
commandant en chef de la place, et il fut décidé
que les 5oo hommes qui étaient sous ses ordres
quitteraient le pont et le château au lever du
soleil. On les autorisait à prendre leurs chevaux,
leurs armes et des bagages pour la valeur d'un
mark d'argent. Ces clauses acceptées, ils pouvaient partir, en faisant toutefois le serment
de ne pas combattre avant dix jours.

Sur ces entrefaites, les défenseurs du pont
de Meung étant près de succomber, Richemont
envoya à leur aide vingt lances et un corps
d'archers.

Le 18 juin, Jeanne, songeant à la promesse
de la veille, commanda de marcher contre les
Anglais pour leur livrer bataille. De leur côté,
ces derniers, après avoir bombardé toute la
nuit le pont de Meung, s'apprêtaient à lui
donner l'assaut quand un poursuivant d'armes,
accourant, leur apprit la reddition du château
de Beaugency. Ils comprirent tout le désavan-
tage de leur position et donnèrent précipitamment l'ordre de la retraite sur Janville. L'avant-
garde s'ébranla aussitôt, un chevalier anglais
qui portait un étendard blanc la conduisait;
derrière, s'avançait un convoi formé de l'artillerie, des vivres et des marchands de tout état
qui, selon la coutume de l'époque, accompagnaient l'armée. Venait ensuite le gros des
troupes commandé par Falstoff, Talbot et
Rampston. Enfin, chevauchait l'arrière-garde
composée d'Anglais de race.

Bien que précipitée, cette retraite s'exécuta en
bon ordre ; les ennemis eurent le temps de désem-
parer Meung sommairement, et les Français,
à leur arrivée, trouvèrent la cité abandonnée.
Ils s'arrêtèrent alors indécis : n'en avait-on pas
fait assez depuis huit jours? Les villes de la
Loire étaient conquises et le but proposé à cette
campagne heureusement atteint ; l'adversaire
fuyait, pourquoi le poursuivre? Beaucoup de
nos guerriers redoutaient cette entreprise.

— Si, au moins, soupiraient-ils, nous avions
des chevaux en nombre suffisant!

Jeanne, témoin de ces appréhensions, mais
rassurée par les prophétiques révélations de ses
Saintes, et forte de l'appui d'En-Haut, s'écria :

— Qu'on aille hardiment contre les ennemis;
ils seront certainement vaincus. Oui, au nom
de Dieu, il faut les combattre. Ils fuient, dites-
vous; mais quand même ils seraient pendus
aux nuages, nous les aurons, car Dieu nous a
envoyés pour les punir. Le noble roi de France
aura aujourd'hui la plus grande victoire qu'il
ait encore remportée; mes Voix m'ont dit que les
Anglais sont tous nôtres.

En parlant ainsi, la Pucelle était transfi-
gurée; sa surnaturelle puissance pénétrait les
âmes, son patriotisme excitait les cœurs : on
lui obéit, et cette fois sans hésitation ni restric-
tion.

L'armée française se mit à la recherche des
ennemis; elle se trouvait évidemment sur la
même route qu'eux, mais ne pouvait les apercevoir, car ils s'étaient avancés à vive allure sur
Janville; néanmoins, les bagages et les mar-

chands, ralentissant leur marche, les coureurs d'arrière-garde venaient de les avertir que les Français étaient sur le point de les atteindre. Leurs chefs, aussitôt, examinèrent l'endroit et le trouvèrent favorable pour engager l'action ; on était proche de Patay : à l'entrée du village, il y avait un bosquet à partir duquel le sol s'élevait en pente douce ; dans le ravin, deux haies parallèles très fortes se trouvaient disposées derrière le petit bois. Ce terrain fut choisi par les capitaines pour y disposer leur armée en rang de combat. L'avant-garde, l'artillerie et les bagages étant déjà arrivés, on leur fit faire halte, mais, pour le reste des troupes, il s'agissait maintenant de parvenir au but désigné. En effet, les Français approchaient rapidement, il fallait les contenir jusqu'à ce que le centre ait eu le temps de se rallier et de prendre son poste de défense.

Pour protéger ce mouvement, Talbot se plaça dans le bas-fond, entre les deux haies, avec 5oo archers d'élite formant l'arrière-garde. Il promit d'y tenir ferme tant que l'organisation serait achevée ; alors il devait se replier à l'abri des buissons et rejoindre le corps de bataille.

En ce moment, les éclaireurs français ne soupçonnaient pas encore la présence de l'ennemi, quand soudain les cavaliers de La Hire firent lever un cerf qui s'enfuit devant eux et disparut bientôt derrière un pli de terrain. Un instant après, des cris tumultueux retentirent ; les chevaliers reconnurent que ces clameurs étaient proférées par des Anglais. L'animal, en fuyant, avait donné en plein sur la ligne

d'archers de Talbot, dérobée par la pente du
sol à la vue de nos soldats, comme toutes les
troupes adverses.

Aussitôt, La Hire expédia un courrier à
d'Alençon, pour le prévenir qu'il se trouvait en
face d'un millier de guerriers en ordre de
combat.

En entendant ce rapport, Jeanne se tourna
vers Richemont et s'écria :

— Ah! beau connétable, ce n'est pas moi qui
vous ai appelé, mais puisque vous êtes venu, u
vous serez le très bienvenu.

Le duc d'Alençon, s'adressant alors à la
Pucelle :

— Jeanne, voici les Anglais, que faut-il
faire?

— Avez-vous de bons éperons? demanda-
t-elle aux chefs.

Et tous de répondre, anxieux :

— Comment cela, serons-nous donc obligés
de fuir?

— Non, non, reprit-elle vivement. Allez sans
crainte sur eux, ils seront défaits, vous perdrez
peu de vos gens, les Anglais s'enfuiront et il
nous faudra de bons éperons pour les poursuivre.

Déjà La Hire s'entendait avec les capitaines
et les cavaliers de l'avant-garde, forte de
1 200 à 1 400 hommes, pour attaquer Talbot et
ses archers.

Le gros de l'armée anglaise s'empressa alors
de chercher sur le terrain même où il se trouvait une bonne position de combat. Mais La
Hire, rapide comme l'éclair, a culbuté les

JEANNE D'ARC (Statue de Frémiet.)

archers et fait Talbot prisonnier ; il arrive précipitamment sur ses adversaires en désordre ; en un instant, lord Scales, Thomas Rampston, le sire de Honguerfort tombent aux mains des Français. Témoin du désarroi, Falstoff et les cavaliers restés en selle tournent bride et se mettent au galop pour aller rallier leur avant-garde arrêtée près du convoi. Celle-ci, les voyant accourir, croit à un désastre, fait volte-face sans les attendre et quitte en toute hâte le champ de bataille. Ne pouvant plus rallier les troupes, Falstoff continue sa course jusqu'à Étampes.

L'armée de la Pucelle arriva tout entière sur le lieu de la lutte; la chasse aux Anglais avait commencé presque sans combat; les malheureux, vaincus et affolés, fuyaient au hasard. Autrefois fiers et vainqueurs, ils tremblaient à leur tour devant les soldats de Charles VII Aussi y eut-il un affreux carnage : 2 000 hommes furent tués et 200 emmenés captifs.

Sur ce champ de bataille, couvert de morts et de blessés, Jeanne s'occupa de prodiguer des secours à l'âme et au corps de ceux qui souffraient.

Un Français passa devant elle conduisant plusieurs prisonniers. Tout à coup, le brutal frappa si violemment l'un d'eux qu'il tomba sans connaissance. L'héroïne, témoin de cette scène, mit pied à terre, ranima de son mieux l'infortuné, le consola doucement, et comme il était atteint mortellement l'amena à se confesser, soutenant ensuite sa tête tandis que le prêtre lui administrait les sacrements.

Le soir, les capitaines français se réunirent, et, avec la Pucelle, rendirent dévotement grâces à Dieu. C'est alors qu'on présenta au duc d'Alençon Talbot prisonnier :

— Vous ne pensiez pas ce matin, lui dit le jeune prince, que pareille chose vous arriverait?

Stoïquement l'intrépide vaincu répondit :

— C'est la fortune de la guerre.

Patay! Désormais c'est le nom que portera, dans l'histoire, cette mémorable journée qui ramena la victoire aux Français. On ne saurait trop le répéter, ce succès fut un miracle, puisque, ayant eu de si grands résultats, il ne coûta pourtant que peu d'hommes à Charles VII. De plus, grâce à l'Envoyée de Dieu, les vainqueurs s'étaient enfin unis: les partis les plus hostiles avaient oublié leurs discordes.

Ah! pourquoi la France ne continua-t-elle pas à suivre l'étendard sacré de Patay?

Mais ne semble-t-il pas que les dons du Christ à la nation qu'il aime soient sans repentance? Après des siècles d'adversité et d'oublis, un nouvel oriflamme fut présenté à notre pays près de ce même champ de bataille, en 1870. A Loigny, non loin de Patay, les zouaves pontificaux firent flotter, pour la première fois, la bannière du Sacré-Cœur de Jésus. Ce mystérieux drapeau a remplacé pour notre siècle l'étendard de Jeanne d'Arc, et il a reçu du Christ-Roi, pour ceux qui combattront sous son égide, les mêmes promesses de victoire et de salut qui étaient attachées à la sainte bannière de la vierge de Domremy!

CHAPITRE IX

Les effets de la victoire de Patay furent considérables : la région circonvoisine qui détestait les envahisseurs se souleva contre eux. Janville, où ils avaient laissé leur trésor de guerre, refusa de leur ouvrir ses portes, et les garnisons anglaises de Montpipeau, de Saint-Sigismond, ainsi que d'autres forteresses, se hâtèrent de s'en retirer en mettant le feu à leurs quartiers.

Le matin du dimanche 19 juin, Jeanne, entourée des chefs et d'une partie de l'armée, entra triomphalement à Orléans. Les valeureux bourgeois reçurent leur Libératrice avec enthousiasme ; n'oubliant jamais de remercier Dieu, ils organisèrent une nouvelle procession d'actions de grâce. Puis, persuadés que pour récompenser de si brillants succès, Charles VII voudrait venir au-devant de la Pucelle, ils commencèrent à orner de tapisseries et de riches étoffes les rues de leur cité. Hélas ! l'insouciant

monarque ne pouvait s'arracher du château
de Sully où il recevait de La Trémoille une
hospitalité grandiose et il se contenta de
faire savoir aux diverses villes du royaume la
prospérité de ses armes; c'est ainsi que Tours,
Grenoble, la Rochelle, etc., apprirent la reddition de Janville et la victoire de Patay.

Tout le pays fut profondément ému de ces
merveilleuses nouvelles : il n'y avait qu'une
voix, aussi bien parmi le peuple que chez les
nobles et les membres du clergé, pour acclamer
et vénérer la vaillante guerrière, et reconnaître
sa mission céleste.

Un monument précieux de l'époque, dû à la
plume du représentant à la cour du duc de
Milan, témoigne assez de la haute opinion que
l'on professait alors pour l'Envoyée de Dieu.
En voici un court extrait :

La Pucelle est d'une grande distinction, elle a
un maintien viril, parle peu ; elle montre une très
grande prudence dans ses paroles; elle a la voix
douce et limpide d'une femme; elle mange peu,
boit encore moins de vin; elle aime de beaux chevaux, et de belles armes; elle a le don des larmes
et en verse parfois de très abondantes, mais habituellement sa figure est souriante. Sa force de travail est inouïe, elle peut rester une semaine presque
entière sous les armes, aussi bien la nuit que le
jour.

Cependant, les Orléanais ne cessaient d'attendre le roi, et sans doute celui-ci eût été
heureux de s'unir aux transports d'allégresse de
ses loyaux sujets, mais La Trémoille en avait
décidé autrement. Le misérable craignait que,

sous l'effort réuni des supplications de Jeanne et de l'enthousiasme universel, Charles VII ne consentît à une réconciliation définitive avec Richemont. Or, par contre-coup, semblable événement amènerait la fin de son influence; à tout prix il devait donc empêcher son prince de se rendre au milieu des Orléanais.

Jeanne et ses fidèles amis espérèrent donc en vain la venue du monarque. Ni les bonnes paroles ni même les gages de reconnaissance que ce dernier envoya à la Libératrice ne parvinrent à la consoler du retard apporté à ses projets et de l'indifférence de son roi.

Le 21 juin, la Pucelle se rendit en personne à Sully. Son premier soin fut de solliciter la rentrée en grâce du connétable. Charles VII déclara qu'il accordait volontiers le pardon de Richemont,

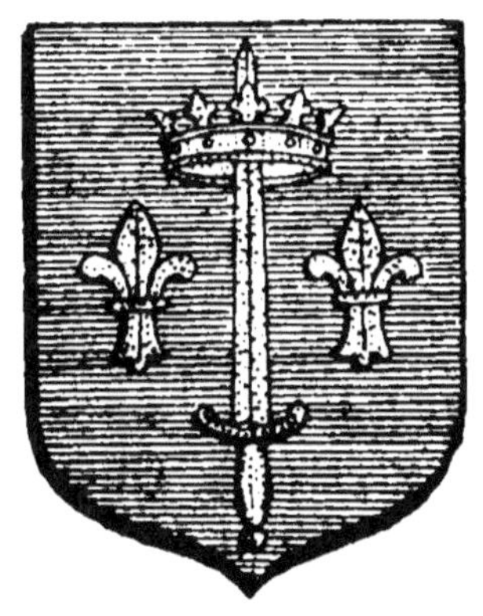

ARMES DONNÉES PAR CHARLES VII A LA FAMILLE DE JEANNE D'ARC

mais qu'il refusait absolument de l'admettre près de lui au voyage de son sacre. Il alla même jusqu'à dire qu'il préférait n'être jamais couronné plutôt que de l'être en présence de son ancien favori.

Cette première résistance du monarque aux désirs du ciel fut une cruelle déception pour l'héroïne; toutefois, elle s'efforça de cacher sa douleur. Ayant convoqué tous les chefs de l'armée dans la ville de Châteauneuf-sur-Loire, elle supplia le roi de venir passer en revue ses fidèles guerriers ; il y consentit, et le lendemain se mit en route, accompagné, bien entendu, de La Trémoille. La Pucelle chevauchait à ses côtés : au moment où l'on atteignait la vieille abbaye de Saint-Benoît-sur-Loire, Charles VII, frappé de l'expression de tristesse et de fatigue peinte sur les traits de la jeune fille :

— Reposez-vous, Jeanne, je le veux, lui dit-il.

En entendant ces mots, elle ne put retenir ses sanglots, mais elle omit de répondre directement à la pensée du prince :

— Ne craignez point, sire, affirma-t-elle, vous reconquerrez tout votre royaume, et bientôt vous serez couronné.

Arrivé à Châteauneuf-sur-Loire, on tint Conseil sur Conseil pour fixer les dispositions relatives à la marche sur Reims ; il y fut résolu de sommer Bonny, Cosne et La Charité-sur-Loire d'avoir à se rendre au roi. Puis le souverain retourna à Sully, tandis que Jeanne faisait savoir au connétable de Richemont l'échec de sa négociation. Celui-ci, après une dernière tentative pour obtenir son admission à la cour, renonça à vaincre la résistance opiniâtre de Charles VII, mais il eut la générosité de ne pas s'en prendre à la France des dédains que lui valait La Trémoille et continua sur un autre terrain à guerroyer pour la patrie.

L'enthousiasme avec lequel la nation s'ébranlait pour marcher contre l'envahisseur croissait de jour en jour : les nobles, les bourgeois, les gens du peuple accouraient en foule pour combattre sous l'étendard de l'Envoyée du ciel.

Tout était décidé; il n'y avait plus qu'à s'avancer sur Reims et à convoquer dans la cité du sacre les fidèles sujets du roi de France; la Pucelle agit sans retard. De Gien, elle lança des invitations; la première fut adressée aux braves Tournaisiens dont elle connaissait l'admirable loyalisme; plus encore, elle eut la sainte hardiesse d'écrire à Philippe le Bon : son devoir, lui disait-elle, était de venir à Reims signer la paix avec son suzerain.

Le lundi 27 juin, Jeanne donna le signal du départ et alla retrouver ses troupes qui campaient dans la direction de Sens. Enfin, le 29, Charles VII se mit en route. Marie d'Anjou, qui d'abord devait accompagner son royal époux à Reims pour y être couronnée à ses côtés, fut laissée à Gien, sous prétexte de danger à courir et d'économie à réaliser. Le roi avait autour de lui La Trémoille, le chancelier Regnault de Chartres, le duc d'Alençon, Robert le Masson, le Bâtard d'Orléans, La Hire, Xaintrailles et beaucoup d'autres chevaliers expérimentés.

On avait réuni 12 000 combattants. Jeanne fut bientôt rejointe par le monarque dont toute l'escorte était pourvue de chevaux. Plus que jamais elle se montra durant cette campagne organisatrice infatigable; son principal souci était de maintenir parmi ses hommes la discipline la plus ferme et les règles de la plus rigide moralité; elle-même ne cessa d'être le modèle d'une édifiante vertu. Toujours la pre-

mière à l'appel, son héroïque courage faisait
l'admiration générale ; s'il fallait agir en chef,
ses conseils et ses ordres témoignaient de la
science la plus complète. Inutile d'ajouter qu'elle
maintenait la pratique de la prière et la fréquentation des sacrements comme étant la
sauvegarde des mœurs et de la discipline, la
garantie des succès futurs.

Le 1er juillet, l'armée française campa sous
les murs d'Auxerre ; la Pucelle et les capitaines
présents estimaient qu'il était facile de s'emparer de la place, mais cet avis de l'Inspirée
fut encore une fois rejeté. La Trémoille, qui
avait reçu des habitants la somme de deux
mille écus, fit conclure au monarque un arran-
gement boîteux : la ville tenait ses portes
fermées, mais elle s'engageait à fournir, moyennant finances, des vivres dont l'armée manquait déjà. De plus, Auxerre promettait d'imiter
la conduite des villes de Troyes, Châlons et
Reims, vers lesquelles Charles VII se dirigeait.

Le 3 juillet, les troupes quittèrent les murs
d'Auxerre. En route, on obtint la reddition
de Saint-Florentin, Brienon et Saint-Phal.
C'est de Brienon, le 4 juillet, que le roi écrivit
à Reims pour apprendre aux habitants de
cette ville le succès que ses armes venaient de
remporter, « plus par grâce divine que par
œuvre humaine », et pour les engager à le recevoir comme ils avaient coutume de faire sans
rien craindre du passé, « assurés d'être traités
par lui en bons et loyaux sujets ».

Le même jour, mais de Saint-Phal, Jeanne
envoya aux Troyens une lettre pleine de loyauté

française et de patriotique énergie, les invitant
à accueillir le roi, les menaçant en même temps
dans leurs vies et dans leurs biens s'ils refu-
saient de le faire.

Le ~~mardi~~ 5 juillet, l'armée était sous les
murs de Troyes. Aussitôt que l'avant-garde
française se présenta, la garnison de la ville
tenta une sortie, mais elle fut contrainte de se
retirer précipitamment dans l'intérieur de la
place après une violente escarmouche. Un peu
plus tard, Charles VII dépêcha à la cité des
hérauts d'armes, chargés d'un pli signé par lui
et scellé de son sceau ; ils devaient également
porter avec eux la missive de la Pucelle dont
il a été parlé plus haut.

Les Troyens s'opposèrent à l'entrée des hérauts mais acceptèrent leurs messages. Celui
du monarque fut lu à l'assemblée des bourgeois : ils répondirent qu'ils ne pouvaient admettre l'armée royale parce qu'ils avaient fait le
serment de ne laisser pénétrer dans leurs murs
aucune force militaire supérieure en nombre à
la garnison, sans l'autorisation expresse du
duc de Bourgogne. Quant à la lettre de Jeanne
au Conseil de la ville, on en rit beaucoup, et
finalement on la jeta au feu sans daigner s'en
occuper ; quelques-uns traitèrent la Pucelle de
hâbleuse et la déclarèrent insensée.

Disons ici quelques mots d'un religieux qui
sera mentionné plusieurs fois dans l'histoire de
notre héroïne. Il s'appelait Fr. Richard et était
renommé par les prédications qu'il avait faites
à Paris, à Auxerre et dans d'autres villes. Cet
orateur était un esprit agité en quête de nou-

veautés et de choses extraordinaires. Désirant
faire la connaissance de la jeune guerrière, il se
présenta un jour au camp des assiégeants. Du
plus loin qu'il aperçut Jeanne il se mit à faire
force signes de croix et à lui jeter de l'eau bénite, si bien que la jeune fille lui dit gaiement :

— Approchez hardiment, mon Frère, je ne
m'envolerai pas.

Elle eut vite conquis la sympathie du religieux qui, bientôt, se fit auprès du peuple de
Troyes l'apôtre de sa mission.

Cependant, le séjour des Français devant la
place se prolongeait depuis cinq jours sans
qu'aucune détente se dessinât. La disette se
faisait cruellement sentir ; plusieurs étaient
morts de faim et les autres n'avaient pour res-
source que de dévorer dans les champs les épis
de blé encore verts, ou de manger les fèves qui
se trouvaient cette année en quantité considérable aux environs. Le roi assembla son Conseil, et la majorité des membres avait déjà donné
son adhésion a plan proposé par le chancelier,
qui était de rebrousser chemin, quand Regnault
de Chartres consulta Robert le Masson.

— Mon opinion, déclara celui-ci, est que l'on
doit envoyer quérir Jeanne la Pucelle, puisque,
par son avis, nous sommes venus jusqu'ici.

Chacun se regardait, on allait sans doute
voter cette proposition, lorsqu'un coup énergique retentit à la porte.

On ouvrit ; c'était l'héroïne qui se présentait,
ses Voix l'avaient avertie. Elle entra et salua
respectueusement Charles VII tandis que le
chancelier interpellait ainsi la nouvelle venue :

— Le roi et son Conseil sont dans une grande perplexité et ne savent à quoi se résoudre.

Lui exposant alors la délibération précédente, il l'invite à dire sa pensée au souverain.

La Pucelle se tourne vers celui-ci et l'interroge :

— Croirez-vous à mes paroles, sire?

— Je ne sais, répondit-il. Si vous me dites chose raisonnable et profitable, je vous croirai volontiers.

— Serai-je crue? répète l'héroïne.

— Oui, selon ce que vous direz.

— Noble dauphin, ordonnez à vos gens d'assiéger Troyes et ne tenez pas de plus longs Conseils, car au nom de Dieu, avant trois jours, je vous introduirai dans cette cité, par amour ou par force, et la fausse Bourgogne sera bien stupéfaite.

— Jeanne, réplique Regnault de Chartres, d'un air incrédule, si l'on était certain d'y être dans six jours, on attendrait bien, mais je ne sais si ce que vous dites est vrai.

Peinée du peu de confiance qui accueille des affirmations venant non d'elle-même mais de ses Saintes, la Pucelle fixe le monarque de son œil inspiré.

— Cessez de douter, s'écrie-t-elle. Demain vous serez maître de la ville.

CHAPITRE X

En sortant du Conseil, Jeanne d'Arc monte à cheval; un bâton à la main, elle court au camp, donne ses ordres et met tout le monde à l'œuvre. Il s'agit d'abord de construire des retranchements pour disposer l'artillerie en batterie. Aussi fait-elle appel à toutes les bonnes volontés, et bientôt chevaliers, écuyers, archers, ouvriers, gens du menu peuple, unissent leurs efforts. Ils apportent, l'un des fagots, l'autre des poutres; celui-ci des tables, celui-là des portes ou des fenêtres descellées. Tous les matériaux qu'ils rencontrent servent à former la ligne de défense qui s'élève à vue d'œil.

Dès que l'ouvrage est terminé sur un point, une pièce se dresse bien abritée contre les projectiles des remparts et toute prête à tirer. Jeanne parcourt les rangs, excite chacun par un encouragement. Elle se dirige avec une merveilleuse rapidité vers les endroits où sa présence est réclamée, et se conduit, en un mot, comme le plus expérimenté des généraux. Ces travaux stratégiques se prolongent durant la nuit entière; le matin tout est disposé pour le combat.

L'héroïne enjoint à ses hommes de se munir de fascines pour combler le fossé, déjà sa voix énergique commande : « A l'assaut! » quand les portes de la ville s'ouvrent, et à la stupéfaction générale on voit apparaître l'évêque et les principaux bourgeois qui demandent à capituler.

Que s'était-il donc passé? Les Troyens avaient assisté, du haut des remparts, aux préparatifs de l'attaque; l'habileté de la Pucelle ainsi que l'empressement mis à lui obéir avaient semé chez eux la terreur. Sous le coup d'une soudaine impulsion qui semblait venir de Dieu, ils avaient résolu de tenter un rapprochement avec le roi, encouragés, d'autre part, par Fr. Richard et leur prélat Jean Léguisé. Chose extraordinaire, les soldats de la garnison eux-mêmes conseillèrent d'entrer en pourparlers.

Charles VII, surpris autant que ravi de voir, contre toute attente, s'accomplir si vite la prophétie de Jeanne, se montra facile pour les conditions. Les habitants devront lui jurer obéissance, moyennant quoi il les traitera en loyaux sujets avec pleine amnistie du passé; quant aux Anglo-Bourguignons, ils pourront se retirer avec armes et bagages.

L'annonce de l'accord est accueilli dans la ville et au camp avec une joie délirante; les Troyens accourent en foule vers les tentes des Français; on s'embrasse, on fraternise; c'est le bonheur d'un peuple rentré dans le devoir, c'est surtout la récompense de la loyale soumission du roi aux ordres de Dieu.

Le lendemain matin, les troupes anglo-bourguignonnes étaient sur pied pour le départ. La Pucelle, craignant sans doute quelque surprise, et voulant veiller au strict accomplissement de la capitulation, se porte avec une nombreuse et solide compagnie sur le passage de la garnison qui s'en va. Bien lui prend d'agir ainsi, car les ennemis, se basant sur les termes du traité qui leur permettait d'emporter tous leurs biens, traînaient à leur suite les prisonniers français. L'héroïne leur barre la route :

— Au nom de Dieu, s'écrie-t-elle, ils ne les emmèneront pas!

Effectivement, elle les retient et fait avertir Charles VII qui, respectueux de sa parole, paye séance tenante de son propre argent la rançon des captifs.

Ce fait accompli, Jeanne pénètre dans la cité, dispose ses archers en file serrée le long des rues, puis vient retrouver le roi. A 9 heures du matin celui-ci, ayant la jeune fille à ses côtés, pénètre triomphalement dans cette enceinte que, la veille encore, il désespérait de forcer.

Les Troyens s'empressèrent d'écrire aux Rémois pour les engager à imiter leur conduite. D'ailleurs, Reims n'avait plus les allures d'une ville décidée à faire grande résistance. C'est ainsi qu'elle avait fermé ses portes à son propre gouverneur militaire, Guillaume de Châtillon, quand, absent depuis quelque temps, il revenait vers elle avec les seigneurs de Saveuse et de l'Isle-Adam et un bon nombre de gens de guerre.

Cependant, la Pucelle suppliait le monarque de faire diligence pour être à Reims le plus tôt possible; c'était elle qui dirigeait la marche. Lorsqu'on passait près des barrières d'un château ou d'une place fortifiée, elle s'en approchait toujours la première, disant au capitaine qui commandait la garnison :

— Rendez-vous au Roi du ciel et au noble roi Charles!

Villes et châteaux se hâtaient de répondre à l'appel de la guerrière dès qu'ils apprenaient les merveilles que Dieu opérait par son bras.

Le 12 juillet, l'armée campa à Bussy-Lestrée; ce jour-là, les Châlonnais vinrent spontanément au-devant du souverain pour se soumettre, et, le 15, celui-ci fit une entrée solennelle dans leurs murs.

Là, Jeanne eut une douce émotion : cinq paysans de Domremy, l'âme remplie d'un patriotique enthousiasme pour les extraordinaires faits d'armes de leur compatriote, étaient accourus la saluer et l'acclamer. Les honneurs et le religieux respect dont on l'entourait les rendaient muets d'étonnement. Mais lorsqu'elle s'avança vers eux les mains tendues, leur prodiguant comme jadis les marques de son affection simple et dévouée, quand ils l'entendirent assurer qu'elle préférait la vie cachée de leur village à tous ces hommages voulus par Dieu, ils comprirent que la triomphante Pucelle

d'Orléans restait toujours l'humble Jeannette
de Domremy. Peu à peu les visiteurs s'enhar-
dirent et communiquèrent à la jeune fille leurs
naïves pensées ; l'un d'eux, Gérardin d'Epinal,
qui s'intéressait aux questions de guerre, lui
demanda :

— Jeanne, ne craignez-vous donc point dans
toutes ces rencontres ?

Et elle de répondre :

— Je ne redoute que la trahison.

Parole profonde indiquant bien que l'héroïne
sentait ce qui autour d'elle se tramait dans
l'ombre.

Avant de continuer le récit de l'expédition
royale vers Reims, jetons un regard sur le
parti anglais ; cela nous fera mieux toucher du
doigt le miracle que Dieu opéra en faveur de
notre patrie et quels plus grands succès eût
obtenus l'Envoyée du ciel si l'on avait exécuté
fidèlement ses conseils inspirés.

La nouvelle de la défaite de Patay se ré-
pandit vite dans Paris. Une violente agitation
s'ensuivit ; peu s'en fallut qu'elle n'atteignît
les proportions d'une émeute et Bedford quitta
Corbeil en hâte pour rentrer dans la capitale
où il convoqua son grand Conseil. Les navrants
détails reçus des rives de la Loire portèrent un
coup si dur aux conseillers royaux, tous anciens
guerriers de l'armée victorieuse d'Henri V,
qu'ils se prirent à pleurer en les entendant.
Bientôt pourtant ils se ressaisirent et décidèrent
de mettre en œuvre les plus énergiques moyens
pour résister à Charles VII.

La première chose à faire était de renouer

LE DUC DE BEDFORD, RÉGENT DE FRANCE

les amicales relations un peu refroidies avec le duc de Bourgogne; dans ce but on résolut de l'inviter à se rendre promptement à Paris afin d'aviser aux mesures à prendre.

En attendant, le Régent (après avoir remplacé les échevins de Paris par des hommes à sa dévotion) cherchait à recruter une armée, chose difficile, car tous étaient fatigués de cette guerre acharnée, et le seul nom de la Pucelle apeurait ses soldats.

Jeanne la Pucelle! Son intervention faisait fuir les armées; mais quel effet produisait son nom sur l'esprit de Bedford lui-même? A la première annonce de l'arrivée de cette paysanne chez les Français, le prince dut hausser les épaules; toutefois à la suite des miraculeuses victoires de la jeune guerrière, cet homme (si religieux, au dire des chroniqueurs) éprouva sans doute au sujet de son caractère surnaturel quelques hésitations vite dissipées d'ailleurs par la très anglaise Université de Paris, et bientôt il déclarera hautement combattre en elle une sorcière déchaînée par l'enfer.

Cependant, il fallait continuer la guerre et pour cela trouver des hommes d'armes. A cette époque, précisément, le cardinal évêque de Winchester ayant levé des troupes pour réprimer les féroces hérétiques hussistes, la perfidie britannique ne craignit pas de transformer ces croisés, volontaires défenseurs de l'Eglise, en champions de l'invasion anglaise.

D'autre part, le dimanche 10 juillet, le duc de Bourgogne, selon sa promesse, entrait dans la capitale. Dès son arrivée, une série d'importants Conseils se succédèrent : les deux alliés se promirent mutuel appui pour lutter contre l'adversaire commun et employèrent tous les moyens afin de frapper l'imagination du public. Une procession générale eut lieu d'abord dans Paris; ensuite on organisa au palais du Parlement une très impressionnante mise en scène à laquelle les ecclésiastiques, les seigneurs, les magistrats furent requis d'assister. Là on relut le traité qui unissait les Anglais et les Bourguignons; puis on retraça en termes pathétiques le meurtre de Montereau où Jean sans Peur, père de Philippe le Bon, fut assassiné par trahison aux pieds de Charles VII. Le duc de Bourgogne, rempli d'émotion, se leva alors, et adjura les Parisiens de l'aider à se venger des bourreaux de son père.

Un murmure prolongé parcourut la salle; ceux qui un instant auparavant manifestaient leur bienveillance pour le parti armagnac en vinrent aussitôt à témoigner contre lui une grande haine. Puis, à la demande de Bedford, les assistants prêtèrent le serment de demeurer bons et loyaux sujets du Régent et du prince son allié.

Toutes les forces humaines se liguent donc à l'encontre de la mission de la Pucelle : elles demeureront impuissantes aussi longtemps que le roi de France sera docile aux conseils divins.

CHAPITRE XI

SOUMISSION DES BOURGEOIS DE REIMS — SACRE DE CHARLES VII.
ENTHOUSIASME DES ASSISTANTS — JEANNE ET SON PÈRE —
ARRIVÉE D'UNE AMBASSADE DE PHILIPPE LE BON — LE ROI
QUITTE REIMS — NÉGOCIATIONS AVEC LE DUC DE BOUR-
GOGNE — LA PUCELLE, ENVOYÉE DE DIEU, MÉCONNUE PAR
LA COUR DE FRANCE

Le vendredi 15 juillet 1429, Charles VII et son
armée quittèrent Châlons pour se diriger vers
Septsaulx, situé à quatre lieues de Reims. Le
monarque logea dans le puissant château des
archevêques de cette ville; bientôt il y reçut
des délégués de la bourgeoisie rémoise lui
offrant les clés de leur cité sous certaines conditions qu'il accepta. Regnault de Chartres
partit alors prendre possession de son arche-
vêché, ce qu'il n'avait pu encore faire.

Dans la soirée du samedi 16 juillet Reims,
en grande liesse, accueillit l'armée royale.
A la suite d'un brillant cortège s'avançait
le souverain vers lequel les habitants jetaient
joyeusement le cri séculaire du sacre des
rois : « Noël! Noël! » Mais le personnage qui
attirait par-dessus tout les regards et la religieuse admiration des Rémois, c'était Jeanne
la Pucelle, que Charles VII avait placée près
de lui.

On ne peut s'en étonner. Cette prise de possession, sans coup férir, d'une ville aussi impor-

tante, sise en plein centre bourguignon ; cette entrée triomphale sans la moindre résistance dans la cité du sacre, n'était-ce pas encore un vrai miracle? Dieu l'opérait par la vierge prédestinée envoyée au secours de la patrie.

Le couronnement fut fixé au lendemain même, dimanche 17 juillet ; toute la nuit se passa en préparatifs. Bien des choses manquaient ; les ornements qui servaient habituellement au sacre étaient au monastère de Saint-Denis, près Paris. Néanmoins, ces difficultés furent vaincues, et j'estime que l'on peut compter l'héroïne parmi ceux qui se multiplièrent cette nuit-là afin de pourvoir à tout.

Le dimanche, de grand matin, le maréchal de Boussac, l'amiral de Culant et les sires de Graville et de Rais se rendirent à cheval à l'abbaye de Saint-Remy afin d'y chercher la Sainte Ampoule. L'abbé de Saint-Remy, revêtu d'une riche chape de drap d'or, s'avança sous un dais magnifique, tenant entre ses mains la relique mystérieuse qu'il remit solennellement à l'archevêque.

La cérémonie du sacre commença à 9 heures du matin et dura jusqu'à 2 heures après-midi. Le roi, entouré de six seigneurs représentant les pairs de France laïques et de six évêques, pairs ecclésiastiques, soit par droit, soit par délégation, fut revêtu des insignes royaux disposés sur l'autel. Après qu'il eût prêté les serments accoutumés, le duc d'Alençon l'arma chevalier, puis Regnault de Chartres lui fit les onctions avec la Sainte Ampoule, en disant :

— Je te sacre avec cette huile sanctifiée, au

LE SACRE DE CHARLES VII
(Fresque de Lenepveu.)

nom du Père, et du Fils, et du Saint-Esprit.

Charles VII parut alors sur le jubé, et le peuple, plein d'enthousiasme en apercevant son roi couronné, lança jusqu'aux voûtes le cri joyeux :

— Noël ! Noël !

A cet instant, Jeanne, qui s'était tenue debout près du trône, son étendard à la main, ne put contenir la sainte émotion qui emplissait son âme ; elle se prosterna devant le souverain, et, pleurant à chaudes larmes :

— Noble prince, lui dit-elle, maintenant est accomplie la volonté de Dieu qui m'avait commandé de lever le siège d'Orléans, de vous amener dans cette cité de Reims pour y recevoir les saintes onctions du sacre qui montrent que vous êtes le vrai roi et celui auquel doit appartenir le royaume de France.

Jamais ces belles paroles n'ont signifié dans la bouche de Jeanne le dessein de quitter Charles VII et l'armée française. L'héroïne savait trop bien le rôle que le Tout-Puissant voulait lui faire remplir relativement à la France. Dans les interrogatoires de Poitiers, dans sa lettre aux Anglais au début de sa carrière et en maintes occasions ensuite, elle l'a trop nettement proclamé pour qu'on puisse attribuer un tel sens à cette exclamation patriotique.

Reims donna à la Pucelle les derniers moments de vrai bonheur qu'elle devait goûter ici-bas, aussi le ciel lui fit-il large mesure. Cette journée, commencée par le sacre de son roi, la jeune fille l'acheva près de son père.

En effet, le brave villageois s'était rendu à Reims en compagnie de Durand Laxart. Il avait assisté émerveillé à la splendide cérémonie du sacre, mais ce qui l'avait surtout ravi, c'était la vue de sa Jeannette, dont la blanche armure disparaissait sous une « hucque » d'une richesse extrême : quelle magnifique récompense terrestre il recevait en échange du généreux sacrifice qu'il avait fait pour la France !

Après avoir renouvelé à son enfant le pardon que, depuis longtemps, il lui avait accordé dans son cœur, Jacques d'Arc la bénit et l'autorisa à poursuivre l'œuvre marquée par la divine Providence. Il ne savait pas, le pauvre père, que cette voie serait désormais toute semée de souffrances et qu'elle aboutirait au martyre !

Charles VII, désirant témoigner sa sympathie au paysan patriote, le fit mander à la cour et lui octroya sur sa propre cassette, assez pauvre alors, soixante livres tournois.

Les fêtes du couronnement n'étaient pas terminées que des ambassadeurs du duc de Bourgogne arrivaient dans la ville ; ils avaient pour mission sinon de s'unir à la cérémonie du sacre, au moins de saluer le roi à l'occasion de cet événement. Semblable prévenance de la part de Philippe le Bon paraît étrange, mais on verra bientôt que le duc cherchait tous les moyens d'entraver la marche en avant du roi de France, « par bataille ou autrement », dit la convention signée à Paris avec Bedford le 15 juillet. A l'heure actuelle, le point capital était d'aider le Régent à gagner du temps. Ce résultat au moins fut atteint, car le monarque fut retenu à Reims par les pourparlers avec l'ambassade bourguignonne jusqu'au jeudi 21 juillet.

Jeanne souffrit de ce retard. Si elle visait avant tout le pardon réciproque, comme elle l'avait écrit à Philippe le Bon, elle n'entendait pas que des conférences mensongères et interminables vinssent arrêter les succès de l'armée. Les événements ultérieurs lui donneront raison, car le duc de Bourgogne ne se montra désireux de la paix qu'aussi longtemps qu'il se sentit menacé par les Français. Les ambassadeurs s'étant retirés cette fois avec une proposition de trêve à courte échéance, le souverain se remit en route; l'héroïne le précédait, son étendard déployé. En arrivant au prieuré de Saint-Marcoul, des envoyés de Laon offrirent à Charles VII les clés de leur ville.

Le vendredi 22 juillet, ce dernier, en vertu du privilège traditionnel de son sacre, toucha les écrouelles des malades accourus à l'abbaye. Puis il prit le chemin de Vailly et de là se dirigea vers Soissons, dont les habitants étaient rentrés dans l'obéissance; leur exemple fut imité bien vite par Crécy-en-Brie, Provins, Coulommiers et plusieurs autres places. C'était le triomphe qui continuait et les prophéties de la Pucelle qui s'accomplissaient. Il n'y avait qu'à marcher en avant : Dieu combattait pour les Français, puisque les cœurs revenaient d'eux-mêmes à leur souverain légitime. Néanmoins, un mauvais génie veillait perpétuellement sur le monarque.

Après un trop long séjour à Soissons, on se remit en route le 29 juillet, et l'on arriva à Château-Thierry. C'est dans cette ville que Jeanne sollicita et obtint de Charles VII l'exemption perpétuelle d'impôts pour Domremy et Greux.

En lisant les lettres que le roi octroya alors à sa fidèle alliée, il semblerait que celle-ci continuât à jouir d'une légitime influence sur l'esprit royal. Hélas! il n'en est déjà plus ainsi, et les conseils de l'Inspirée seront de nouveau méconnus dans une circonstance capitale. Le souverain, animé d'une sincère reconnaissance pour les services rendus, tout en s'efforçant de prouver qu'il n'est pas un ingrat, cherchera, sous les perfides insinuations de La Trémoille, à affranchir son autorité royale de l'ascendant surnaturel de la jeune fille.

Les troupes quittèrent Château-Thierry le lundi 1er août et Charles VII les conduisit à Montmirail-en-Brie; le lendemain on était à Provins. Le 3 août, pendant que Bedford était encore à Paris, on fit courir au camp le bruit qu'il arrivait et était prêt à accepter la bataille. L'armée se dirigea donc vers la Motte de Nangis où elle attendit en vain durant toute la journée la venue du Régent.

Tous ces délais avaient enfin donné à ce dernier le temps d'organiser la défense de Paris; le 18 juillet il avait été recruter des guerriers en Normandie; le 25 il pénétrait dans la capitale avec les cinq mille hommes du cardinal de Winchester. Entre temps, le duc de Bourgogne lui avait envoyé un corps de Picards. Ces arrivées successives rassuraient les Parisiens en proie à de terribles transes causées par l'approche des Français.

Il est probable, cependant, que Bedford n'était pas très pressé d'aligner devant les bataillons enthousiastes de Charles VII ces troupes composées en majeure partie de soldats précédemment vaincus par Jeanne et de croisés marchant à regret contre des catholiques. Il devait à l'instant présent s'appuyer d'abord sur la diplomatie de Philippe le Bon, puis chercher une occasion de faire montre de ses hommes sans risquer une bataille qui aurait pu tourner en désastre.

Le duc de Bourgogne poursuivait donc des négociations avec la cour de France. La dernière réponse apportée par ses messagers comprenait deux clauses : l'une réalisable, la conclusion d'une trêve de quinze jours ; l'autre, impossible et mensongère, c'était l'engagement pris par Philippe le Bon de livrer Paris à l'issue de ces quinze jours. On croit rêver quand on lit cette seconde clause. Comment le duc aurait-il pu rendre la capitale qu'il ne possédait pas? L'explication de la crédulité du roi ne peut être que dans les sentiments hostiles de La Trémoille qui ne prétendait pas laisser la Pucelle rendre Paris à Charles VII. Jeanne promettait ce triomphe au monarque s'il courait sus aux Anglais ; le ministre voulut promettre davantage ; il offrit de reconquérir la grande ville au moyen d'un traité de paix, et les Bourguignons avaient tout intérêt à paraître entrer dans ses vues. L'indolent et timide souverain préféra

écouter son favori plutôt que la voix de l'Inspirée, qui pourtant lui avait donné tant
de preuves de sa surnaturelle mission.

L'héroïne était méconnue. Gerson, qui venait
de mourir le 14 juillet, avait été bon prophète :

Que le parti qui a juste cause, avait-il dit à la fin
de son travail sur Jeanne d'Arc, prenne garde de
rendre inutile, par incrédulité ou ingratitude, le
secours divin qui s'est manifesté si miraculeusement.

Désormais, pour la direction générale des
opérations, on agira sans consulter la vierge
envoyée par Dieu, et si, de loin en loin, on
recourt encore à ses lumières, ce ne sera que
très passagèrement.

Qu'on ne déduise pas de ce fait que les
saintes conseillères de la Pucelle se taisent.
Non, elles parlent toujours à leur privilégiée,
mais le roi, trompé par ses ministres, se refuse
à recevoir docilement les communications d'En-
Haut et cela au moment où elles allaient achever
l'œuvre du salut de la France.

TROISIÈME PARTIE

TRAHIE ET VENDUE

CHAPITRE PREMIER

IMPRESSION PRODUITE EN FRANCE PAR LE SACRE DE REIMS — MARCHE HÉSITANTE DE L'ARMÉE DE CHARLES VII — PAROLES MÉMORABLES DE LA PUCELLE — COMBAT DE MONTÉPILLOY — DANGER COURU PAR LE SIRE DE LA TRÉMOILLE — REDDITION DE COMPIÈGNE ET DE NOMBREUSES VILLES — POURPARLERS ENTRE PHILIPPE LE BON ET CHARLES VII — TRÈVE DU 28 AOUT — JEANNE A SAINT-DENIS — ELLE ATTAQUE PARIS LE 8 SEPTEMBRE ; SA BLESSURE

Cependant, parmi le peuple, rien encore n'a transpiré des sentiments de la cour vis-à-vis de l'Envoyée de Dieu. Pour tous, Jeanne d'Arc est un ange descendu du ciel au secours de la patrie. Nombre de villes se livrent, en apprenant le sacre de Reims, à de longues réjouissances. Partout, au nom du roi on unit celui de la Pucelle ; c'est une grande gloire pour la jeune guerrière, c'est surtout le triomphe de l'action divine qu'elle personnifie.

A l'heure actuelle, nul en France ne s'occupe des tristes conseillers de Charles VII ; dans peu de temps ils seront complètement oubliés. La Trémoille, qui prévoit cette issue, veut l'éviter à tout prix, et pour arriver à ses fins il a mené de ténébreux complots. Malheureusement, le roi a cru son favori, et celui-ci lui a arraché, en pleine marche triomphale vers Paris, l'ordre de retourner à Bourges. Cette injonction a été communiquée à Jeanne le soir du 4 août, à la Motte de Nangis. Après une nuit de larmes, dès l'aube, elle a dû diriger ses soldats vers le solide pont de Bray-sur-Seine, dont la veille les habitants ont assuré le libre accès au souverain.

Ici se place un événement imprévu. A peine les cavaliers d'avant-garde ont-ils atteint sans méfiance la hauteur du pont, que, de toutes parts, surgissent des guerriers anglais qui se précipitent furieusement **sur eux** et les font prisonniers.

Que s'est-il **donc passé**?

La nuit précédente un détachement ennemi, avant-garde de Bedford, est parvenu devant la ville. La hardiesse de ces éclaireurs s'opposant à toute une armée donnait à entendre que le Corps anglais devait se sentir puissamment protégé. Dans ces conditions, Charles VII n'osa plus traverser la Seine et fit reculer ses troupes, « ce dont les capitaines furent bien joyeux et contents ». Une nouvelle marche à travers le pays à reconquérir pour le parti national s'imposa.

Le 5 août on rétrograda vers Provins. Jeanne

écrivit ce jour-là aux habitants de Reims, les assurant du succès de la bonne cause qu'elle soutenait pour le sang royal. Elle leur dit son peu de confiance en la trêve de quinze jours conclue avec le duc de Bourgogne et à l'issue de laquelle Paris serait rendu, prétend-on, à Charles VII sans coup férir :

Pourtant, ne vous étonnez pas, ajoute-t-elle, si je n'y entre pas si tôt. Je ne suis pas contente d'une trêve faite dans de telles conditions et je ne sais si je l'observerai. En tous cas, si je l'observe, ce ne sera que pour sauvegarder l'honneur royal. Nos ennemis ne tromperont pas le roi; car je maintiendrai sous les armes toute l'armée royale, pour qu'elle soit entièrement prête au bout de ces quinze jours dans le cas où la paix ne serait pas conclue. Aussi, mes très chers et parfaits amis, je vous prie de ne pas avoir d'inquiétude tant que je vivrai. Mais je vous prie d'être vigilants et de garder la bonne cité du roi. Faites-moi savoir s'il y a des oppresseurs qui voudraient vous faire tort, je les ferai partir le plus tôt possible. Donnez-moi de vos nouvelles. Je vous recommande à Dieu, le priant de vous garder.

On comprend, à la lecture de cette lettre, que Jeanne avait bon espoir de conduire Charles VII sous peu à Paris, non point par l'effet d'une paix trompeuse, mais par le succès de ses armes. Elle ne s'illusionne pas au sujet des négociations entamées avec la cour de Bourgogne ; ce qu'elle demande désormais, c'est une rapide marche en avant pour surprendre la capitale. Hélas ! La Trémoille veille et il risquera tout pour empêcher la Pucelle de réussir dans son patriotique projet.

Pendant ce temps, Bedford se renseignait sur toutes les évolutions des Français, et Philippe le Bon le tenait au courant des moindres détails de ses négociations avec Charles VII. Pour rendre un peu d'énergie à ses soldats, le Régent conçut le dessein de leur représenter les ennemis comme fuyant devant lui. Fièrement, il écrit de Montereau au roi de France qu'il le cherche en vain pour lui livrer bataille, et dans cette lettre il le déclare responsable des maux endurés durant cette longue guerre; il lui reproche de se servir « d'une femme déréglée et diffamée, vêtue en homme », et termine par une fallacieuse proposition de paix.

Le mercredi 10 août, Charles VII quitta Coulommiers, non pour marcher sur Paris, mais pour s'avancer vers le Nord et revenir à Château-Thierry. Le lendemain nos armées arrivaient à Crépy-en-Valois après avoir recueilli la reddition de nombreuses places fortes. De tous côtés les foules accouraient sur le passage du roi et de la Pucelle, se livrant aux manifestations d'une indescriptible joie, mêlée à celle d'une pieuse gratitude envers le Tout-Puissant. Au chant du *Te Deum* ils ajoutaient le vieux cri de France : « Noël! Noël! »

Si ce bonheur du peuple trouvait un écho dans l'âme de l'Envoyée de Dieu, il s'y mêlait aussi des pressentiments pleins de tristesse; la pauvre jeune fille, en effet, se voyait dans l'impossibilité d'amener son souverain à suivre les indications de ses célestes conseillères.

Au moment de l'entrée du cortège royal dans Crépy-en-Valois se place une scène mémorable de la vie de Jeanne d'Arc. L'héroïne chevauchait entre le Bâtard d'Orléans et Regnault de Chartres lorsque, témoin de l'enthousiasme populaire, elle s'écria :

— Voici bien de bonnes gens! Nulle part je n'ai vu peuple qui se réjouît si fort de l'arrivée d'un aussi noble roi! Ah! puissé-je être assez heureuse, quand viendra mon dernier jour, d'être inhumée dans cette terre!

— Jeanne, interrogea le chancelier, en quel lieu croyez-vous devoir mourir?

— Où il plaira à Dieu, car je ne suis assurée ni du temps ni du lieu, pas plus que vous ne l'êtes vous-même. Aujourd'hui qu'est accompli l'ordre de Notre-Seigneur de faire lever le siège d'Orléans et de sauver le roi, ah! plût à Dieu, mon Créateur, que je me retirasse maintenant, quittant les armes! Avec quel bonheur retrouverais-je mon père et ma mère, les servirais-je, garderais-je leurs brebis avec ma sœur et mes frères, qui seraient bien joyeux de me revoir!

En parlant ainsi, la Libératrice adressait au ciel un regard plein d'abandon. Son attitude tout entière fit une telle impression sur ceux qui l'entendirent, qu'ils répétaient plus tard au souvenir de cette scène touchante :

— Jeanne est sainte et vient vraiment de Dieu!

La Pucelle eût été heureuse, on le voit, de reprendre son humble vie de paysanne, mais, sachant que le divin vouloir n'est pas conforme à ses désirs, la courageuse enfant reste à son poste et presse les troupes du roi de continuer leur marche triomphale.

Le vendredi 12 août, Charles VII était à Lagny-le-Sec ; le 13, campé en pleins champs près de Dammartin, il apprit que le Régent venait d'arriver à Mitry, où il rangeait son armée en bataille dans une forte position. La Hire fut envoyé en reconnaissance vers les Anglais avec un corps de cavalerie ; la journée se passa en escarmouches, mais, le soir même, Bedford reprit le chemin de Paris tandis que le roi se dirigeait de nouveau vers Crépy-en-Valois.

Le 14 il se trouvait à Baron, village situé à deux lieues de Senlis ; là on lui annonça que le Régent, ayant reçu des renforts, marchait de nouveau vers lui et qu'il traversait à gué la Nonette, petite rivière qui coule entre Senlis et Baron. Les Français s'avancèrent, mais trop tard pour surprendre leurs ennemis durant ce passage ; ils campèrent alors à Montépilloy pendant que les Anglais étaient sur les bords de la Nonette.

Le lendemain, à l'occasion de la fête de l'Assomption, Jeanne entendit la Messe, qui fut célébrée en plein air, et reçut la Sainte Communion, accompagnée du duc d'Alençon et du comte de Clermont.

L'armée française marcha ensuite au combat, divisée en trois corps ; une troupe volante, ayant à sa tête le sire d'Albret, Dunois, La Hire et la Pucelle précédait les trois colonnes.

Les Anglais avaient disposé leurs hommes, le dos appuyé à la Nonette ; leurs flancs étaient protégés par de fortes haies d'épines, de plus, ils avaient employé la nuit à élever d'importants ouvrages de défense. C'était d'abord un large fossé, derrière lequel ils s'étaient retranchés, utilisant, suivant leur coutume, les pieux aigus de leurs archers et les chariots de leur convoi. Quand l'heure d'entamer la lutte eut sonné, ce fut un véritable désappointement pour Jeanne et les seigneurs de constater qu'il était impossible de commencer l'attaque sans sacrifier, en pure perte, un nombre considérable de vies humaines. En vain notre armée exécuta-t-elle un mouvement vers le camp de Bedford : rien ne bougea sur les bords de la Nonette. Alors la Pucelle s'offrit elle-même aux coups ; brandissant son étendard, elle s'avança fièrement contre les palissades ennemies : même immobilité. La jeune guerrière change de tactique ; elle commande à l'avant-garde de se replier afin de laisser un vaste champ libre aux adversaires. Cette tentative demeura infructueuse.

On renouvela donc les escarmouches et les tournois sanglants par lesquels on avait débuté : l'excitation fut violente dans ces combats singuliers où de part et d'autre on frappait jusqu'à ce que mort s'ensuivît. Soudain, un incident faillit changer la fortune de la France. Georges de la Trémoille, témoin de tant de vaillance, ne voulant pas paraître moins brave que cette Pucelle qu'il enviait et redoutait, s'avisa de faire étalage d'intrépidité. Il poussa son cheval vers les Anglais ; mais voici que sa monture s'abat et le projette lourdement sur le sol ; aussitôt des coutilliers anglais bondissent ; encore quelques secondes et la France sera débarrassée de son cruel ennemi !

Cependant les soldats de Jeanne ont compris le danger qui menace La Trémoille ; ils volent à son secours et l'arrachent à une mort certaine.

Vers le soir, on put croire que la lutte allait enfin s'engager sur toute la ligne, car les archers picards et le contingent écossais s'étaient attaqués réciproquement avec beaucoup de violence. Fidèle à sa tactique, Bedford eut vite réprimé cet élan, et la journée fut nulle en résultat.

La Pucelle, ainsi que l'armée française, coucha sur le champ de combat ; puis le lendemain matin, espérant attirer l'ennemi, elle fit exécuter un simulacre de retraite sur Montépilloy : le Régent semblait n'attendre que ce mouvement ; il en profita pour regagner Paris.

En quittant Crépy, le roi se dirigea vers Compiègne dont il avait reçu la soumission.

Il est impossible, écrit M. Al. Sorel, de décrire l'enthousiasme de la population tout entière à la vue du cortège royal. Chacun voulait voir l'héroïne ; on se pressait autour d'elle ; les vieillards pleuraient, les enfants lui envoyaient force baisers et les jeunes filles jetaient des fleurs sur son passage. Qui pouvait se douter, en ce moment, que neuf mois plus tard la pauvre Jeanne d'Arc trouverait sa perte en voulant sauver cette même ville ?

Tandis que la Pucelle jugeait avec sagesse que la continuation de la marche triomphale sur Paris amènerait à brève échéance une complète et solide paix, Charles VII s'obstinait à poursuivre les démarches diplomatiques ; il avait donc résolu de ne pas se mettre en route avant le retour des ambassadeurs qu'il avait envoyés à Arras vers Philippe le Bon. Ceux-ci

revinrent le 21 août, suivis bientôt de pléni-
potentiaires bourguignons qui venaient tenir
une conférence à Compiègne même.

Devant l'annonce de cette nouvelle attente,
Jeanne n'y tint plus; aiguillonnée par son patriotisme et par l'avertissement de ses Voix,
elle prit le parti audacieux de quitter le roi pour
s'avancer sur Paris avec les chefs qui lui
étaient fidèles.

Appelant donc d'Alençon, elle lui dit :

— Mon beau duc, faites préparer vos gens
et ceux des capitaines qui vous obéissent. Par
mon martin, ajouta-t-elle, je veux aller voir
Paris de plus près que je ne l'ai vu.

Ce jour-là, la Pucelle et le duc d'Alençon
partirent, en effet, avec un détachement nombreux de l'armée royale.

Le 27 août, les pourparlers de Compiègne
se terminèrent et, le 28, on signa un armis-
tice; le roi et le duc conclurent encore une trêve
devant durer jusqu'à Noël et pendant laquelle
Philippe le Bon se réservait cette fois de con-
courir avec ses forces à la défense de Paris,
sans préciser contre qui il prétendait protéger
la capitale.

Cette convention était une trahison. Elle
constituait l'abandon flagrant des intérêts nationaux et préparait à l'expédition de Jeanne un
échec certain. Elle assurait enfin l'achèvement
de l'œuvre criminelle ayant pour but d'anéantir
l'influence surnaturelle de la jeune vierge dans
les affaires de la France.

Le mouvement de sympathie pour la mo-
narchie nationale s'accentuait pourtant de plus

en plus. Après beaucoup d'autres villes, Beauvais vient d'acclamer les hérauts du roi et de chasser son évêque Pierre Cauchon, qui était moins un pontife qu'un politicien livré corps et âme à l'Angleterre. De leur côté, les troupes qui ont suivi Jeanne et d'Alençon volent, sans coup férir, de succès en succès; elles ont rallié à Senlis une partie des hommes d'armes du comte de Vendôme et, le 25 août, sont entrées dans Saint-Denis.

On devine l'émoi de la capitale à l'annonce de la marche rapide de la Pucelle. Le Régent ne se sent plus en sûreté, il prend le chemin de la Normandie et confie la garde de la grande cité à son chancelier Louis de Luxembourg. Ce dernier s'empressa de faire renouveler le serment de fidélité à tous les notables et disposa sur les remparts l'artillerie pour la défense de la ville. En même temps, on exploitait la crédulité des habitants en leur faisant croire que Charles VII était décidé à raser Paris et à y passer la charrue.

Dès son arrivée à Saint-Denis, Jeanne arrêta tous les préliminaires d'une attaque de la capitale, mais la présence du roi et des troupes qu'il avait auprès de lui était absolument nécessaire pour tenter un assaut. En attendant, des reconnaissances et des escarmouches furent entreprises aux environs, près d'un moulin situé entre la porte Saint-Denis et La Chapelle. De plus, le duc d'Alençon essayait, mais sans succès, d'amener, par des lettres scellées de son sceau, les échevins à recevoir Charles VII.

Le 29 août, ce dernier se dirigeait sur Senlis,

JEANNE D'ARC BLESSÉE DEVANT PARIS (Bas-relief de Vital-Dubray.)

où il s'arrêta de nouveau. Vainement d'Alençon
alla le trouver le 1er septembre, il dut y retourner le 5. Enfin, après de vives instances,
le roi se mit en route, et le mercredi 7 il dîna
à Saint-Denis ; l'armée l'acclama ; nul ne doutait en effet que l'Envoyée de Dieu ne fût sur
le point de le faire rentrer dans Paris : il suffisait pour cela que le souverain y consentît et
la laissât agir.

Le 6, les troupes de Saint-Denis s'étaient
établies à La Chapelle. Le 7, elles avaient livré
une escarmouche plus sérieuse que de coutume.
Les capitaines décidèrent alors de la renouveler
le lendemain, mais Jeanne avait résolu de les
entraîner ce jour-là au delà des fossés.

A 8 heures, l'armée divisée en deux Corps
partit : le premier, commandé par Rais, Gaucourt et la Pucelle, devait attaquer ; le second,
sous les ordres du duc d'Alençon et du comte
de Clermont, formait la réserve ; il avait à surveiller les portes pour empêcher les assaillants
d'être surpris par derrière.

Jeanne, suivie des siens, s'avança avec impé-
tuosité vers la porte Saint-Honoré ; elle força
la première barrière, enleva le boulevard qui
protégeait la porte, puis, l'étendard à la main,
elle se jeta avec les plus braves dans les fossés,
malgré le feu nourri des assiégés. Le premier
fossé fut vite franchi ; déjà l'héroïne s'élançait
sur le dos d'âne qui le séparait du second, lorsqu'un obstacle imprévu arrêta son élan. Ce
second fossé très profond était par le fait d'une
crue de la Seine, rempli d'eau. Bien que certains chefs connussent ce détail très important,

un mauvais sentiment les avait empêchés de
prévenir la jeune fille.

Cette dernière, voulant néanmoins continuer
l'attaque et cherchant un gué, se mit à sonder,
du bois de son étendard, la hauteur de l'eau.
Tout à coup un trait d'arbalète l'atteignit à la
cuisse et la blessa grièvement, l'empêchant de
se tenir debout, pourtant elle fit combler le
fossé, répétant à ses hommes de se préparer à
escalader les murs, leur promettant que la
place serait prise sans tarder.

Une lâche trahison s'accomplit alors : La
Trémoille et les chefs à sa dévotion, voyant
Jeanne si près de réussir, ordonnèrent aux
soldats de leurs compagnies qui entouraient
Jeanne de cesser le combat et de se retirer.

Mais la Pucelle réitère toujours son affirmation :

— J'entrerai aujourd'hui dans Paris, ou je
mourrai ici !

On ne l'écoute plus, et chacun songe à la
retraite. La nuit était venue, et l'héroïque jeune
fille demeurait appuyée contre le revers du dos
d'âne, presque seule à cette heure, suppliant
qu'on n'abandonnât pas la lutte. C'est alors
que le duc d'Alençon qui était déjà rentré au
camp et quelques autres chevaliers retournent
vers elle et la transportent, malgré ses protestations, hors des fossés. Subissant cette contrainte, la guerrière blessée redit encore :

— Si vous aviez continué l'attaque, la place
eût été prise !

Et, de fait, on sut plus tard qu'une effroyable
panique s'était répandue dans Paris pendant

l'assaut et que bien des bourgeois songeaient à se rendre : un peu plus d'audace eût exploité ce mouvement populaire et eût obtenu la reddition de la capitale que Jeanne promettait au nom de ses Voix.

CHAPITRE II

Malgré sa blessure, le lendemain, de grand
matin, Jeanne était levée; elle manda le duc
d'Alençon et le pria de faire sonner le boute-
selle. On se mettait donc en marche vers Paris,
quand le comte de Clermont et René d'Anjou,
duc de Bar, arrivèrent à bride abattue appor-
tant l'ordre formel de battre en retraite. Les
chefs obéirent avec une douleur profonde, mais
bien décidés à recommencer l'attaque un des
jours suivants par un autre côté de la ville.

On le pouvait facilement, grâce au pont de
bateaux établi par la Pucelle sur la Seine,
à Saint-Denis, dès le début de l'occupation
de cette ville. Pendant la nuit du 9 au 10,
Charles VII, voulant arrêter la suite des opérations militaires, ordonna de le détruire, et
lorsque la jeune fille résolut le lendemain de
faire passer des troupes au-delà du fleuve, la
route était coupée. Hélas! tout était bien fini : i
par le mauvais vouloir du roi et des ministres
Jeanne d'Arc ne rendrait point Paris à la
France!

Durant son séjour dans la nécropole royale, le souverain se fit introniser solennellement suivant la coutume traditionnelle. Puis, pour expliquer sa décision de terminer ainsi l'expédition, il prétexta la pénurie de son trésor et l'impossibilité de maintenir sous les armes des troupes aussi nombreuses. Il choisit alors dans l'armée les garnisons qu'il devait laisser dans les pays nouvellement conquis, nomma le comte de Clermont vice-roi de la région située sur la rive droite de la Seine et confia la garde de Saint-Denis au comte de Vendôme et à l'amiral de Culant.

La Pucelle, accablée de tristesse, alla prier et pleurer devant les reliques du patron de la France, et, suivant un usage du temps, elle suspendit dans l'église de l'abbaye son armure ainsi qu'une épée prise à un Bourguignon.

Quant à l'épée de Sainte-Catherine de Fierbois, elle venait de la perdre dans des circonstances qui indiquaient que son zèle pour les bonnes mœurs ne s'était pas ralenti. Ayant trouvé à Saint-Denis même, dans les rangs des soldats, une femme de mauvaise vie, elle la chassa, la frappant du plat de son glaive, qui se brisa, ce que Jeanne et le roi regrettèrent amèrement, car nul ne put jamais réparer cette arme.

Une autre peine s'ajouta aux patriotiques douleurs de l'héroïne : son dévoué page, Louis de Coutes, qui, depuis Chinon, avait été l'inséparable témoin de ses triomphes comme de ses premières souffrances, lui fit ses adieux et resta dans le pays nouvellement conquis. Son

départ fut, on n'en peut douter, un cruel
d'échirement pour le cœur de la jeune fille.

Larmée fut de retour à Gien le 21 septembre.
Charles VII et la plupart des chefs arrivèrent
ce jour-là, ramenant avec eux, presque de
force, la vaillante guerrière. Longtemps, ses
Voix lui avaient conseillé de rester à Saint-
Denis, ce n'est qu'au dernier moment qu'elles
l'avaient autorisée à quitter cette ville.

Le roi demeura quelque temps à Gien, puis
enfin se détermina à rejoindre la reine qui
était à Bourges; la Pucelle y vint également et
séjourna chez une dame d'honneur de Marie
d'Anjou, Marguerite la Touroulde. Celle-ci
donna dans la suite les plus intéressants détails
sur la jeune fille dont elle loua la pureté, la
simplicité, l'humilité et l'amour du prochain.
Dans la cité berrichonne, d'ailleurs, Jeanne
eut vite conquis la vénération générale : chacun
voulait lui faire toucher des chapelets, des médailles, mais lorsque son hôtesse prétendait
s'acquitter de commissions de ce genre, sa char-
mante compagne, avec un franc rire, lui répondait gracieusement :

— Touchez donc ces objets vous-même, ils
deviendront tout aussi bons par votre contact
que par le mien !

Repartie où le charme le dispute à la mo-
destie et qui nous montre que l'héroïne, au
milieu des triomphes et de l'enthousiasme des
foules, n'avait rien perdu de son humilité.

Cependant, aux yeux de la cour, la situation
de Jeanne est profondément changée. Acclamée
d'abord **comme libératrice,** considérée **mainte-**

BASILIQUE DE SAINT-DENIS

nant comme inutile, elle devient un embarras ; demain elle sera l'obstacle qu'on brisera sans scrupule. A l'avenir, les embûches de ses ennemis vont se multiplier sous ses pas, hypocritement d'abord, ouvertement ensuite. Toutefois, son courage et sa vertu croîtront en proportion des difficultés, et ses sublimes efforts pour obéir au Ciel ennobliront chaque jour sa grande et belle figure !

Charles VII venait d'ordonner le licenciement du corps expéditionnaire ; on comprend la tristesse de l'héroïne en se séparant de ses braves compagnons d'armes. Le duc d'Alençon qui entreprit vers cette époque une expédition en Normandie demanda au roi de la lui accorder comme chef militaire, mais le Conseil royal refusa et résolut d'employer la guerrière à la conquête des forteresses bordant la Loire. Dans ce but, Jeanne rentre en campagne, elle quitte Bourges où les troupes, renforcées cette fois encore par les Orléanais, étaient réunies sous les ordres du sire d'Albret. Arrivée devant Saint-Pierre-le-Moutier, la Pucelle organisa l'attaque et bientôt fit donner l'assaut. Cependant les Français sont d'abord repoussés avec perte. D'Aulon, gravement atteint à la jambe, aperçoit la jeune fille qui était restée près de la place en très petite compagnie ; craignant qu'il ne lui arrive malheur, il se fait hisser sur un cheval, malgré sa blessure, pour aller à son secours. Et l'ayant rejoint il s'écrie :

— Que faites-vous donc ainsi, seule ?

— Je ne suis pas seule, répondit-elle en reti-

rant son casque, j'ai encore cinquante mille de
mes gens, et je ne partirai point d'ici que la
ville ne soit prise.

L'écuyer, stupéfait, ne voyait pourtant autour
d'elle que trois où quatre hommes d'armes.

Les cinquante mille guerriers dont Jeanne
parlait étaient des anges de Dieu qui venaient
remplacer les soldats fugitifs.

Elevant alors la voix, la guerrière s'écria :

— Aux fagots! Aux claies, tout le monde,
afin de jeter un pont!

Et voici qu'aussitôt le pont fut établi, au
grand émerveillement des témoins de cette
scène. La ville ayant été prise d'assaut, les
soldats se livrèrent au pillage, mais Jeanne fit
respecter l'église dans laquelle les assiégés
avaient mis à l'abri les plus précieux de leurs
biens.

Ce rapide succès fit-il craindre à la cour de
nouvelles sollicitations de la jeune fille pour
marcher sur Paris? Toujours est-il que l'expédition si heureusement inaugurée fut désormais entravée par le mauvais vouloir de l'entourage du roi. La Pucelle, néanmoins, se mit
à parcourir les cités environnantes, cherchant
des recrues et des subsides pour sa petite armée.
Là où elle ne pouvait aller en personne, elle
expédia des lettres pressantes. Le sire d'Albret
lui-même s'unit à ses démarches.

Au cours de la préparation de la campagne
contre La Charité, Jeanne fut rejointe à Mont-
faucon-en-Berry par une nommée Catherine
de la Rochelle. Cette femme était une hallu-
cinée; ayant entendu les récits que l'on faisait

sur la Libératrice à laquelle elle portait envie,
elle prétendit être également l'objet de visions
extraordinaires et vint lui offrir sa collabora-
tion :

— Une dame blanche, revêtue de drap d'or,
se montre à moi, disait-elle ; l'apparition me
commande de parcourir les bonnes villes de
France. Il faut que le roi me donne des hérauts
pour m'accompagner, et ces hommes procla-
meront que quiconque possède de l'or, de l'argent ou un trésor caché doit l'apporter tout de
suite. Pour ceux qui refuseront d'obéir ou qui
dissimuleront une partie de leurs biens, je me
charge de les reconnaître et de trouver leurs
trésors.

Mais Jeanne devina l'imposture ; elle conseilla
doucement à l'aventurière de retourner vers
son mari pour soigner son ménage et nourrir
ses enfants. L'autre insista, la Pucelle alors
l'interrogea :

— Voyez-vous donc cette dame blanche
chaque nuit ?

— Certainement.

— Oh bien ! nous coucherons ensemble ce
soir, afin que je la voie moi-même.

Ainsi fut fait. Jusqu'à minuit Jeanne resta
éveillée, et, bien entendu, ne vit rien ; vaincue
par la fatigue, elle s'endormit. Dès le matin
elle dit à Catherine :

— Votre dame est-elle venue ?

— Oui, mais à ce moment vous dormiez, je
ne suis point parvenue à vous réveiller.

— Reviendra-t-elle demain ?

— Oui.

Sur cette affirmation, notre héroïne prit
soin de se reposer pendant la journée, puis se
coucha de nouveau avec l'intrigante; naturellement, la dame blanche ne se montrait pas.
Malicieusement, Jeanne, de temps à autre,
demandait :

— Ne viendra-t-elle point?

— Si, tout à l'heure, répondait sa compagne
embarrassée.

Mais la nuit s'écoula sans qu'aucun incident
n'en troublât la monotonie; l'expérience était
concluante.

L'heure du départ pour le siège de La Charité était arrivée. Catherine chercha à empêcher
la guerrière de se rendre à ce poste dangereux,
mais celle-ci lui dit :

— Venez-y plutôt avec moi!

— Oh! non, répliqua-t-elle, je n'irai point,
il fait bien trop froid.

Les deux femmes se séparèrent pour se
retrouver plus tard.

Le siège de La Charité traîna en longueur,
les assauts furent successivement repoussés.
Après plusieurs jours de courageux efforts,
pendant lesquels l'héroïne tenta vainement de
procurer à ses hommes ce qui leur manquait,
l'armée française, sans argent, sans munitions,
sans vivres, dut battre en retraite, abandon-
nant son artillerie.

L'invincible était vaincue! La Trémoille se
réjouit grandement de cet échec qui devait
encore contribuer à diminuer l'influence sur le
roi de la rivale qu'il redoutait.

Cependant, Jeanne s'étant dirigée vers Jar-

geau y rencontra de nouveau Catherine de la
Rochelle qui avait maintenant l'audace de se
proposer pour aller traiter de paix avec le duc
de Bourgogne.

— On ne l'obtiendra qu'en la cherchant au
bout de la lance, se contenta de répondre la
Pucelle.

Précédemment, Charles VII, dans une entrevue, lui avait demandé ce qu'elle pensait de
l'aventurière et de ses prétendues révélations.
Empruntant les termes mêmes de ses Voix,
elle affirma :

— Il n'y a en tout cela que folie et néant !

Catherine et Fr. Richard (qui alors ajoutait
foi aux mensonges de cette dernière) furent
très mécontents de cette franchise, ils ne l'ou-
blièrent point.

CHAPITRE III

Si Charles VII voulait se soustraire à l'influence surnaturelle, il désirait aussi continuer
à manifester ses sentiments de reconnaissance
envers Jeanne et lui conserver rang parmi les
personnages importants de sa cour. Dans cette
pensée, il l'anoblit et toute sa parenté ; de plus,
il décréta que par un privilège unique cette
noblesse se transmettrait non seulement par
voie masculine, mais aussi par descendance
féminine. Pour son compte, la Pucelle ne prétendit jamais user des titres qui furent octroyés
aux siens.

La jeune guerrière dévouée corps et âme à
sa patrie était profondément attristée de son
inaction forcée ; elle alla chercher des consolations auprès de ses bons amis d'Orléans et s'y
prépara même pour l'avenir un séjour définitif.
Ensuite elle se mit à visiter les cités françaises
des environs.

Vers le mois de mars, le sire de la Trémoille, redoutant qu'elle ne reprît sur le monarque son pieux ascendant, la conduisit ainsi que Charles VII dans son domaine de Sully-sur-Loire. Bien qu'elle y fût comblée d'honneurs et d'égards, l'héroïne souffrit beaucoup dans le splendide château. Son impuissance lui pesait cruellement, et, à vrai dire, Sully pourrait être désigné par l'histoire comme sa première prison.

Il y eut pour Jeanne, dit Henri Martin, depuis le retour de La Charité, quatre mois d'angoisses que les langues humaines ne sauraient exprimer : sentir que l'on porte en soi le salut d'un peuple, que Dieu nous pousse et que les hommes nous enchaînent !

Le perfide ministre multipliait sous les pas du monarque les distractions et les plaisirs afin de le retenir sous sa néfaste influence.

D'autre part, les négociations avec Philippe le Bon se poursuivaient toujours : une nouvelle réunion d'ambassadeurs avait été décidée ; elle devait être tenue à Auxerre ; la trêve qui expirait à Noël, après avoir été d'abord prolongée d'un mois, le fut ensuite jusqu'à Pâques.

Toutes ces conférences, aux yeux clairvoyants de la Pucelle, n'étaient qu'une menace et un perpétuel danger pour sa chère patrie ; il eût fallu par de grands coups mettre sans retard les adversaires hors d'état de nuire.

Si Charles VII demeurait inerte, heureusement le pays n'imitait pas ce coupable abandon des intérêts nationaux. L'Ile-de-France tout entière était dans une agitation extrême, et dans Paris on conspirait; il est même vraisemblable que c'était à Jeanne que les conjurés de la capitale désiraient ouvrir leurs portes.

Malgré toutes les oppositions rencontrées à la cour pour ses projets belliqueux, l'héroïne n'en continuait pas moins à préparer en secret une nouvelle campagne contre l'ennemi. Aux derniers jours de mars elle quitta Sully, un matin, sans prendre congé du roi, sous le prétexte d'aller à la campagne s'exercer avec quelques chevaliers.

Lagny-sur-Marne n'étant qu'à une étape de Paris, on s'y trouvait à portée des conspirateurs patriotes; ce fut dans cette ville que Jeanne se rendit. A peine y était-elle arrivée qu'une députation accourut vers elle et lui fit ce récit :

— Trois jours auparavant une femme de Lagny avait mis au monde un enfant qui était mort sans être baptisé. Dans sa foi vive et son ardent amour, cette pauvre mère n'hésitait pas à demander à Dieu la résurrection de son fils afin qu'il reçût le saint baptême. A cet effet on avait déposé aux pieds de la statue de Notre-Dame le petit cadavre qui déjà n'avait plus couleur humaine, et les jeunes filles de la cité prolongeaient leurs prières implorant un miracle. Persuadée que l'intervention de la Pucelle parviendrait à fléchir le Ciel, les bourgeoises de Lagny la conjuraient donc d'unir ses supplications aux leurs.

Elle y consentit. Bientôt, au milieu de la joie générale, l'enfant mort se réveilla et par trois fois il bâilla ; puis, après avoir reçu le baptême, le petit chrétien expira de nouveau.

JEANNE D'ARC RESSUSCITANT L'ENFANT DE LAGNY
(Vitrail de l'église de Lagny.)

Plus tard, lorsqu'au procès de Rouen on demanda à Jeanne si l'on ne disait pas en ville que ce prodige était l'effet de sa prière, elle répondit avec son humble simplicité :

— Je ne m'en enquérais pas.

Pour combattre l'ennemi, la jeune fille avait besoin d'une troupe sur le pied de guerre; elle eut vite fait de recruter 3 ou 4oo hommes et de les mettre en mesure de tenir campagne. Sur ces entrefaites, elle eut la douleur d'apprendre que le complot qui devait lui ouvrir les portes de Paris avait été découvert et que cent cinquante des révoltés étaient en prison. Parmi eux se trouvait Jacquet Guillaume, seigneur de l'Ours, auquel elle s'intéressait particulièrement.

La même semaine, ses éclaireurs lui annoncèrent qu'un aventurier, noble de race, après une série de brigandages dans l'Ile-de-France, s'apprêtait à rentrer dans Paris. Il s'appelait Franquet d'Arras et avait sous ses ordres 4oo hommes d'une intrépide bravoure. Elle marcha vers lui. Le capitaine bourguignon, flatté de combattre contre l'héroïne l'attendit dans une forte position où il s'était retranché avec ses hommes à la manière des Anglais. Jeanne chargea deux fois inutilement avec sa cavalerie. Après ce premier échec, Jeanne inaugura contre ses adversaires si bien protégés une tactique nouvelle, qui fut l'origine de l'artillerie de campagne. Elle résolut d'attaquer les rangs serrés des soldats de Franquet à la façon d'une place assiégée, en se servant de pièces d'artillerie légère qu'elle fit quérir à

Lagny par Jean Foucault. Grâce à ce moyen, la bande ennemie fut rapidement vaincue et tous ceux qui la composaient tués ou pris. Au nombre des captifs se trouvait l'aventurier lui-même qui la commandait. La Pucelle avait d'abord l'intention de l'échanger contre le seigneur de l'Ours, le conjuré parisien, mais elle apprit bientôt l'exécution capitale de ce dernier.

C'est alors que le bailli de Lagny vint réclamer Franquet au nom de la loi, comme coupable de plusieurs crimes énormes. La jeune guerrière ne crut pas devoir s'opposer à cette requête, d'autant plus que le magistrat lui avait assuré qu'elle ferait grand tort à la justice si elle refusait. Après un procès, qui dura jusqu'au commencement de mai, le chef bourguignon, ayant avoué ses crimes, fut décapité.

Jeanne, les solennités pascales terminées, continua ses démarches pour grossir son armée. Dans ce but, elle se dirigea sur Melun qui venait de chasser les Anglais et de se donner au roi. Tandis qu'elle parcourait les fossés de la ville, sans doute pour les mettre en état de défense, ses Saintes lui apparurent, comme elles le faisaient très souvent, mais cette fois pour lui révéler une nouvelle qui glaça son âme d'épouvante :

— Tu seras prise, lui dirent-elles, avant la Saint-Jean.

Puis, voulant la réconforter, elles ajoutèrent :

— Prends tout en gré, Dieu t'aidera !

Quel surcroît de courage ne faudra-t-il pas désormais à la pauvre enfant! Il n'y aura plus un moment de détente pour son esprit; à toute minute elle se demandera si la menace suspendue au-dessus de sa tête ne va pas se réaliser; pourtant elle puisera dans son héroïsme assez de vertu et de force pour rester fidèle au poste où Dieu l'a placée.....

De son côté, le roi, toujours insouciant, se désintéressait des démarches que Jeanne tentait pour le salut de la France. Par sa coupable inaction il devenait le complice de ceux qui avaient juré d'annihiler l'œuvre du Ciel. Aucun secours ne fut envoyé à la jeune guerrière depuis sa fuite de Sully, et si la victoire finale ne couronna pas ses efforts, la faute en est aux ministres que nous avons déjà nommés.

Cependant Philippe le Bon, utilisant nos divisions et la latitude que lui laissaient d'antipatriotiques conventions, rentra en campagne, donnant Compiègne comme objectif à ses troupes. Parti de Péronne il s'attarda peu devant Gournay-sur-Aronde, qui, par une capitulation conditionnelle, l'assura de sa neutralité. De là il vint assiéger Choisy-au-Bac, qui lui barrait la route de Compiègne.

La Pucelle disposait alors d'une petite armée comptant une cavalerie de mille chevaux; elle résolut de secourir Choisy sans retard. C'est à ce moment que Regnault de Chartres et le comte de Vendôme la rejoignirent et lui insinuèrent de conduire ses soldats à Soissons pour y traverser l'Aisne avec plus de sécurité.

Ce détour, d'ailleurs assez inexplicable, cachait un piège, car les habitants de Soissons, à l'instigation de leur gouverneur Guillaume Bournel, ne consentirent à laisser entrer dans leurs murs que la Pucelle, Regnault de Chartres, le comte de Vendôme et une faible escorte. Dès que les portes furent refermées, des traîtres d'accord avec les ministres de Charles VII persuadèrent à l'armée de Jeanne de la quitter et de repasser la Marne et la Seine : cet acte déloyal fut vivement accompli, et lorsque l'Envoyée de Dieu revint vers ses hommes, l'iniquité était consommée; il ne lui restait plus que quelques compagnies. Le cœur plein d'angoisse, Jeanne maudit la trahison qui lui enlevait le moyen de vaincre l'ennemi national, mais sans se décourager s'achemina vers Compiègne où elle arriva le samedi 13 mai.

Le lendemain, s'étant rendue à l'église Saint-Jacques afin d'entendre la messe, elle se confessa et communia, puis elle se retira près d'un pilier pour prier et pleurer abondamment. Quand elle releva la tête, toute une foule sympathique, au sein de laquelle il y avait environ 100 à 120 enfants, l'entourait avec respect.

Profondément touchée des marques de confiance qu'on lui témoignait, la Pucelle laissa échapper la plainte de son âme oppressée :

— Mes enfants et chers amis, dit-elle, sachez que l'on m'a vendue et trahie. Bientôt je serai livrée à la mort. Aussi je vous conjure de prier Dieu pour moi, car je n'aurai plus jamais le pouvoir de servir le roi et le royaume de France.

Ces paroles provoquèrent une telle émotion que deux des auditeurs rappelaient encore ce souvenir de leur jeunesse, soixante-huit ans après.

Dans la nuit suivante, Jeanne, pour débloquer Choisy, assaillit, avec ce qui lui restait de troupes, la ville de Pont-l'Evêque, point de communication des forces bourguignonnes. L'expédition réussit tout d'abord ; mais la garnison de Noyon prévenue à temps secourut efficacement Pont-l'Evêque. Les Français durent rétrograder sur Compiègne, et les défenseurs de Choisy, désormais sans espoir, abandonnèrent la place, le 16 mai. Jeanne repartit aussitôt pour Crépy-en-Valois, afin d'augmenter l'effectif de sa petite troupe.

Compiègne est située sur la rive gauche de l'Oise et contre ses bords. La rive droite de la rivière est formée à cet endroit, sur une étendue d'un quart de lieue, par une prairie basse, puis le sol se relève ; la ville communique avec l'autre rive par un pont que continue une large chaussée dominant la prairie et atteignant la colline qui fait face. Les assiégés, maîtres du pont, avaient construit à sa tête, à l'entrée de la prairie, un ouvrage fortifié entouré de remparts, afin d'en défendre l'accès. C'était sur cette rive, en effet, que les ennemis, après la prise de Choisy, vinrent camper : Jean de Luxembourg à Clairoix, Baudot de Noyelles à Margny, juste au bout de la chaussée ; le duc de Bourgogne à Coudun, village situé environ à six kilomètres derrière les avant-postes. Du côté de l'Ouest, enfin, les Anglais occupaient Venette.

Dans la journée du 22 mai, Jeanne apprit les préparatifs de Philippe le Bon pour investir Compiègne. Aussitôt elle donna des instruc-

tions à ses hommes en vue d'une expédition nocturne, et à minuit la petite colonne s'ébranla.
Comme on faisait observer à la jeune guerrière qu'elle avait bien peu de monde pour traverser l'armée des Bourguignons et des Anglais :

— Par mon martin, dit-elle, nous sommes
assez. J'irai voir mes bons amis de Compiègne.

Dès l'aube, les Français arrivèrent sans
encombre dans cette ville. Après avoir réparé
ses forces, la Pucelle, sur les instances de
Guillaume de Flavy, gouverneur de la place,
organisa une sortie pour le jour même, 23 mai.
Le récit qui va suivre montrera, hélas, que ce
capitaine ambitieux et jaloux est complice de
la trahison qui eut pour conséquence la prise
de Jeanne.

L'heure était déjà fort avancée et l'ennemi,
semblait-il, devait songer à se reposer dans
son camp. Guillaume de Flavy proposa à
Jeanne une sortie. Persuadée qu'on le surpren-
drait sans peine, l'héroïne accepta et ce projet
fut accueilli avec enthousiasme par les Compiégnois. Vers 5 h. 1/2, la troupe de la Pucelle
quitta la ville, mais, au lieu d'un adversaire
tranquille et sans défiance, on trouva les Bourguignons préparés et Jean de Luxembourg à
cheval aux avant-postes. Néanmoins, la vaillante guerrière lança ses gens à l'assaut de
Margny en s'écriant :

— En nom Dieu, en avant !

A ce moment, les cloches de Compiègne son-
nèrent à toute volée : la jeune fille ne remarqua pas ce fait insolite et imprima à ses

soldats un tel élan que les Bourguignons durent rentrer dans Margny. Mais alors des troupes de Clairoy, placées en réserve derrière Margny, se jetèrent sur l'intrépide compagnie et la forcèrent à rétrograder. Les chefs voulaient se retirer et emmener Jeanne avec eux :

— Taisez-vous, leur dit-elle, il ne tient qu'à vous qu'ils soient tous battus, ne pensez qu'à frapper sur eux.

Et elle les entraîna à une seconde et furieuse attaque qui refoula encore l'adversaire jusque dans ses quartiers. Hélas! les Français avaient beau se conduire en héros, les ennemis se multipliaient sans cesse ; de nouveau les nôtres reculèrent. Malgré les efforts de la Pucelle, la débandade se mit dans sa compagnie, les derniers rangs s'enfuirent ; ils avaient aperçu les Anglais de Venette qui, au son des cloches de Compiègne, sortaient en foule de leur campement et s'apprêtaient à couper la retraite à Jeanne. Alors les Français qui se trouvaient sur la chaussée, loin de défendre sérieusement leur position, se sauvèrent à toutes jambes et revinrent précipitamment dans la ville, bousculant les archers postés aux issues. Empêchèrent-ils ceux-ci de décharger leurs armes sur les Bourguignons, ou bien l'ordre de tirer arriva-t-il trop tard? Nous ne savons, mais aucun ennemi ne fut atteint par leurs traits.

Flavy, redoutant, paraît-il, une surprise, fit lever le pont et fermer les portes ; le reste des fantassins en fuite fut recueilli par des barques accostées précédemment à la rive de l'Oise pour assurer la rentrée des troupes dans Compiègne.

L'héroïne et les cinq ou six braves restés autour d'elle ne songeaient qu'à combattre du haut de leurs destriers. Voyant que l'accès de la ville leur était impossible par le pont-levis, ils essayèrent de se frayer un passage à travers les ennemis couvrant la prairie. Pourquoi l'artillerie de Compiègne ne tira-t-elle pas, en ce moment, sur les Anglo-Bourguignons? La chose est absolument inexplicable sans l'hypothèse d'une trahison du gouverneur défendant à ses hommes de se servir de leurs pièces.

Cernés de toutes parts, Jeanne et les siens ne pouvaient tenir tête à cette cohue d'ennemis. La jeune fille, pourtant, continuait à se défendre avec l'énergie du désespoir. Enfin, un Picard, taillé en hercule, soldat de la compagnie de Lionel de Wandonne, la saisit par les bords de sa hucque d'étoffe rouge brodée d'or, et la désarçonna. Tous les archers la maintenaient à terre, lui criant d'une voix triomphante :

— Rendez-vous, rendez-vous, donnez-nous votre foi!

— J'ai donné et octroyé ma foi à un autre que vous, reprit-elle, et je lui tiendrai mon serment.

A cette heure suprême l'héroïque vierge n'oublait pas qu'elle appartenait à Jésus-Christ.

Chose de plus en plus incompréhensible, Jeanne qui n'avait eu aucun secours pendant cette sortie fut de même emmenée sans que de la ville on tentât rien pour la sauver : point de sorties, point de décharges de canons.

A notre avis, il est impossible de laver Flavy

de la terrible accusation d'avoir livré la Libératrice. Et s'il ne se fût pas senti soutenu par de puissants protecteurs, eût-il jamais osé prendre sur lui une si écrasante responsabilité?

Pierre d'Arc, d'Aulon, Fr. Pâquerel et Poton le Bourguignon qui étaient demeurés aux côtés de la Pucelle furent faits prisonniers avec elle.

Ainsi se termina la brillante carrière de Jeanne d'Arc. Sa capture fit l'allégresse des ennemis de la France; ils savaient bien que le pays qu'ils détestaient perdait en elle non seulement le plus courageux et le plus habile de ses défenseurs, mais encore et surtout la créature qui faisait dire à l'Europe entière :

— Dieu a pris en main la cause de la nation française et l'a secourue par le plus grand miracle que l'histoire du monde ait jamais relaté !

CHAPITRE IV

D'après les lois de la guerre, Jeanne appartenait au Bâtard de Wandonne; celui-ci la remit entre les mains de son chef Jean de Luxembourg, qui lui-même ne pouvait disposer d'elle que selon la volonté de son prince, le duc de Bourgogne.

Philippe le Bon, au bruit du combat, était arrivé à Margny. Il voulut voir la prisonnière et eut avec elle un entretien que les chroniqueurs Bourguignons n'ont pas conservé à l'histoire. Sans doute parce que la Pucelle ne se fit pas faute de reprocher au duc sa félonie envers la France.

Qu'allait-il advenir de l'héroïne? Le droit des gens voulait qu'elle fût mise à rançon et gardée en prison jusqu'à ce que la somme fixée pour le rachat fût payée. Des négociations eussent même dû s'engager immédiatement dans ce but; la reconnaissance et le patriotisme en faisaient un devoir à Charles VII, mais le

JEANNE D'ARC PRISE A COMPIÈGNE (Peinture murale de LENEPVEU)

souverain ne bougea pas, et l'Angleterre qui avait hâte d'entrer en possession de la captive eut le temps d'intervenir.

Auparavant et dès le 26 mai, le vice-inquisiteur de France, se basant sur les accusations de sorcellerie et d'hérésie lancées contre Jeanne, la réclamait au duc de Bourgogne pour la juger. Une requête de l'Université de Paris, toute acquise alors à l'Angleterre, était jointe à cette lettre et concluait dans le même sens.

Personne, au contraire, ne se présenta de la part des Français pour traiter du rachat de la Pucelle. Peut-être Charles VII eut-il le désir de tenter quelque chose? Ce prince ne savait pas vouloir, et La Trémoille était là pour le déconseiller. D'ailleurs, l'entourage du roi ne demandait qu'à oublier la Libératrice. Le chancelier Regnault de Chartres, dans une lettre aux Rémois, prétendait les consoler et poussait l'audace jusqu'à émettre cette réflexion qui trahit toute son âme :

« Elle ne voulait pas croire le Conseil royal, mais faisait tout à sa volonté. »

N'est-ce pas là un aveu que la jeune fille n'était plus qu'un embarras pour cette cour aux vues égoïstes et lâches?

Le bon peuple de France, cependant, gardait son fidèle souvenir. L'archevêque d'Embrun dit à Charles VII ce que son devoir de souverain lui imposait en cette circonstance. Des prières furent récitées dans tout le pays pour la délivrance de la captive, et on composa trois oraisons pour les messes célébrées à cette intention.

Jean de Luxembourg, craignant pour ses quartiers quelque coup de main d'un La Hire ou d'un Xaintrailles, envoya Jeanne au château de Beaulieu en Vermandois que ses troupes occupaient à quelques lieues de Compiègne. En arrivant, elle eut la douce satisfaction de retrouver son brave écuyer, Jean d'Aulon, qui demanda et obtint la faveur de lui continuer ses services pendant les premiers jours de sa détention.

Enfermée dans la nouvelle prison, l'héroïne n'avait qu'un souci : préparer une évasion afin de reprendre ses armes pour son malheureux pays. Elle profita donc de ce que la surveillance de ses gardiens s'était ralentie un instant pour se glisser entre deux poutrelles disjointes : la chose réussit d'abord à souhait ; déjà la courageuse enfant était hors de la tour quand une main s'abattit sur son épaule. C'était le portier du château qui l'avait reconnue.

Jean de Luxembourg, mis en éveil par cette audacieuse tentative, résolut de transférer la Pucelle dans son imprenable forteresse de Beaurevoir où il avait fixé sa demeure ; là résidait alors l'épouse du sire de Ligny, ainsi que sa tante et sa belle-fille. Toutes trois portaient le prénom de Jeanne.

Les nobles femmes entourèrent la jeune fille d'une extrême sollicitude, aussi déclara-t-elle plus tard, qu'à l'exception de la reine de France, personne n'eut plus d'empire sur son cœur que les dames de Luxembourg. D'après une tradition locale, elles emmenaient même parfois leur jeune amie dans leur résidence d'été. Son admirable vertu, sa tendre piété séduisaient leur cœur; une chose pourtant les surprenait, c'est qu'elle se refusât à quitter l'habit d'homme dont elle était revêtue. Sachant que cela constituait le principal grief des Anglais, les dames de Beaurevoir la supplièrent, mais en vain, de reprendre des vêtements de femme. Jeanne leur répondait qu'elle n'avait pas la permission de Notre-Seigneur d'en agir ainsi. Outre les indications célestes dont il lui fallait tenir compte avant tout, elle ne pouvait de plus sans imprudence quitter son costume, la prison offrant les mêmes périls que la vie des camps. Enfin Jeanne ne prétendait pas renoncer pour l'avenir à l'espoir de porter les armes pour sa patrie.

La Pucelle ayant été prise devant Compiègne, sur la rive gauche de l'Oise, qui se trouvait dans le diocèse de Beauvais, était justiciable de Pierre Cauchon, l'évêque chassé par les troupes françaises. Nul plus que ce prélat n'était inféodé à la cause anglaise.

Cet homme, d'une science profonde, était né à Reims en 1377; il fut, jeune encore, recteur de l'Université de Paris. Partisan acharné de Jean Sans Peur, l'assassin du duc d'Orléans, il prit part aux émeutes qui ensanglantèrent Paris; banni de la capitale à cause de ses crimes, le triste personnage se réfugia auprès du duc de Bourgogne qui le délégua au Concile de Constance. Lors de l'entrée d'Henri V à Paris, il se livra corps et âme au parti anglais, puis, vers la fin de 1420, les intrigues anglo-bourguignonnes parvinrent à l'élever sur le siège de Beauvais et à l'imposer à ce clergé et à ce diocèse qui ne voulaient pas de lui.

On comprend qu'un tel personnage fût digne d'être choisi par le Conseil royal d'Angleterre pour accomplir l'œuvre criminelle qui devait conduire Jeanne au bûcher.

Le 14 juillet 1430, Pierre Cauchon se présenta devant Compiègne que Philippe le Bon continuait à assiéger. Il était porteur d'une lettre de l'Université de Paris sommant le duc de Bourgogne et Jean de Luxembourg de remettre Jeanne d'Arc, soit à l'Inquisiteur de France, soit à l'évêque de Beauvais lui-même qui prétendait la juger comme prise dans son diocèse. A ces lettres Cauchon joignait, par une étrange anomalie, une requête du pouvoir civil. Le gouvernement anglais offrait, en échange de la prisonnière, une rançon de dix mille livres d'or au sire de Luxembourg.

Si ces propositions, disait en effet la requête, n'étaient pas agréées, Henri VI exigeait la reddition de Jeanne en vertu de la clause du droit français autorisant le roi à réclamer tout prisonnier fait à l'intérieur du royaume, fût-il roi lui-même, contre une somme de dix mille francs d'or. Enfin, faute de voir accepter l'une ou l'autre de ces conditions, l'évêque de Beauvais menaçait le duc de Bourgogne et Jean de Luxembourg des peines ecclésiastiques.

Pierre Cauchon vint peu après à Beaurevoir, peut-être pour agir sur les dames de Luxembourg, qui s'opposaient de toute leur force à la vente de la captive.

Enfin le sire de Ligny consentit à ce lâche

marché, mais il exigeait l'argent avant de livrer la captive. Pour se le procurer, les Anglais
levèrent sur la province de Normandie un impôt
extraordinaire et, vers la fin d'octobre, le prix
convenu était acquitté.

Pendant ce temps, que devenait la Pucelle?
Les bruits les plus sinistres arrivaient jusqu'à
elle; on lui disait qu'elle était vendue aux
Anglais; d'autre part, les gens du sire de Ligny
prédisaient la ruine prochaine de Compiègne,
ajoutant qu'aucun bourgeois n'échapperait au
glaive, pas même les enfants au-dessous de
sept ans. L'âme de la guerrière était bouleversée par de tels propos : son devoir n'était-il
pas de voler, même en risquant sa vie, au
secours des infortunés Compiégnois. Avec son
habituelle confiance, elle s'ouvrit à ses Voix,
qui lui répondirent :

— Pour toi, mon enfant, prends tout en gré,
Dieu t'aidera et il viendra de même au secours
de ceux de Compiègne.

— Si Dieu secourt mes amis de Compiègne,
oh! je veux en être! s'exclamait Jeanne, impé-
tueuse.

— Prends tout en gré, répétaient les Saintes,
tu ne seras point délivrée que tu n'aies vu le
roi des Anglais!

— Vraiment, gémissait-elle, de plus en plus
insistante, je ne voudrais pas le voir. J'aimerais
mieux mourir que d'être mise entre les mains
des Anglais.

Et la pauvre enfant, affolée, méditait des
idées d'évasion.

Alors survint un fait qui, selon toute probabilité, acheva de fixer dans son cœur une résolution inébranlable. Pour la première fois, depuis sa captivité, un homme lui manqua d'égards et prétendit badiner avec elle. Jeanne n'hésita plus. A tout prix elle voulut fuir; en hâte elle fabriqua une sorte de corde qu'elle fixa à l'un des barreaux de sa prison et, croyant échapper en se laissant glisser, s'y suspendit; mais à peine avait-elle pesé sur le lien improvisé qu'il céda et se rompit.

L'héroïne vint s'abattre dans le donjon où on la gardait prisonnière : elle était tombée de soixante pieds de hauteur.

Quelque temps plus tard, ses geôliers aperçurent son corps inanimé; on se précipita à son secours et on la transporta dans le château. A mesure que ses facultés lui revenaient, un vif chagrin s'emparait de tout son être : la crainte d'avoir contristé ses divines conseillères en exécutant, malgré leur avis, ses projets d'évasion, provoquait surtout sa peine. Le cœur pieux et droit de la jeune fille se découvre pleinement dans ce noble scrupule, et son touchant repentir attira sur elle une insigne faveur, Sainte Catherine se pencha sur son lit de douleur, la consola, lui dit de se confesser, de demander pardon à Dieu; elle obéit et offrit en expiation de l'erreur d'un instant les souffrances que lui avait causées sa chute. Sa céleste amie ajouta la promesse que les Compiégnois seraient assistés avant la Saint-Martin d'hiver.

Largement réconfortée par cette douce vision, la Pucelle recommença à prendre de la nourriture et fut vite guérie.

Jean de Luxembourg ressentit une terrible émotion lorsqu'il apprit ce qui s'était passé. Décidément, sa captive n'était pas facile à garder; aussi s'empressa-t-il, en attendant que l'or anglais fût versé, de la remettre entre les mains du duc de Bourgogne.

Avant son départ, la pauvre Jeanne, abandonnée de tous, envoya un message aux habitants de Tournai. Elle y mande : « En la faveur du roi notre sire et des bons services qu'elle leur avait faits, que ladite ville lui voulût envoyer de vingt à trente écus d'or, pour employer à ses nécessités. »

La Libératrice de la France, celle à qui le souverain devait sa couronne, abandonnée de tous, tend la main pour supporter le dur régime des prisons !

Vers la fin de septembre, la Pucelle fut conduite à Arras, où elle resta environ six semaines dans les prisons du duc de Bourgogne. Les fidèles Tournaisiens, qui n'avaient pas hésité un instant à satisfaire sa requête, lui déléguèrent Jean Naviel, porteur de vingt-deux couronnes d'or. Elle reçut également à Arras la visite d'un Ecossais qui lui montra une peinture la représentant, « la seule, dit-elle plus tard à ses juges, qu'elle ait vue de sa vie. »

Sur ces entrefaites, le sire de Pressy, trésorier général de Philippe le Bon, voulant sans doute sauver l'héroïne, vint la supplier d'accepter le costume féminin ou au moins l'étoffe nécessaire pour s'en confectionner un; il n'obtint que cette réponse :

— J'ai pris cet habit par commandement de

Dieu et je ne puis le quitter sans son ordre.

Dans la prison d'Arras, Jeanne eut la joie d'apprendre que les Compiégnois étaient enfin délivrés; elle offrit à Marie, Reine de France, un filial merci pour cette grâce qu'elle avait tant désirée.

Ce rayon consolateur n'éblouit pas longtemps les yeux de la douce martyre; car bientôt un nouveau transfert fut décidé. Cette fois, elle n'en pouvait plus douter, c'était vraiment aux Anglais qu'on allait la livrer. Que de larmes amères coulèrent sur les joues de cette enfant qui n'avait pas dix-neuf ans! Heureusement, ses Voix lui répétaient chaque jour qu'elle payait la rançon de la France, que ses tortures lui méritaient la couronne du paradis et préparaient à brève échéance le triomphe de sa patrie terrestre sur l'odieux envahisseur!

La Pucelle fut conduite à Drugy, près Saint-Riquier, puis au château du Crotoy, où elle fit encore un séjour. Les dames d'Abbeville, la considérant comme la merveille de leur sexe, vinrent l'y visiter. Là elle put encore entendre la Sainte Messe célébrée par le chancelier de la cathédrale d'Amiens, détenu lui-même alors dans le château; cet ecclésiastique la confessa également plusieurs fois et lui donna la Sainte Communion. Outre les visites habituelles de ses Saintes, l'archange saint Michel vint vers Jeanne durant son séjour dans la forteresse picarde. Ce furent les dernières consolations de la jeune captive au Crotoy; quelque temps après arriva un détachement anglais; la Pucelle lui fut remise par les officiers bourguignons, munis des pleins pouvoirs de Jean de Luxembourg et de Philippe le Bon.

La voilà donc entre les mains des cruels Anglais, les ennemis de la France et les siens! Après une longue route sous les frimas de l'hiver, le cortège parvint à Rouen. Jeanne, conduite dans une des tours du château du Bouvreuil, est chargée de lourdes chaînes; jamais elle n'en a vu de si pesantes au cours de sa captivité. Trois soldats de basse condition sont placés à ses côtés. Désormais, elle n'aura plus le droit de pleurer, puisqu'elle ne pourra point cacher ses larmes à ses bourreaux: un affreux martyre commence pour elle.

QUATRIÈME PARTIE

MARTYRISÉE ET GLORIFIEE

CHAPITRE PREMIER

LES PROCÈS ECCLÉSIASTIQUES EN MATIÈRE DE FOI AU MOYEN AGE — CAUSES DU PROCÈS DE JEANNE D'ARC : SES VÉRITABLES INSTIGATEURS BEDFORD ET WINCHESTER — LE JUGE INFAME PIERRE CAUCHON — LES ASSESSEURS — COMMENT ON LES TRAITAIT — NOBLES RÉSISTANCES

Dès les premières lignes de ce chapitre, il faut, pour la clarté du sujet, évoquer un point de la législation du moyen âge, complètement disparu de nos mœurs. Je veux parler des procès en matière de foi, qui étaient engagés *avec le concours et souvent même sur la demande de l'Etat.*

Cette confusion des deux puissances constituait un véritable danger et fournissait parfois à l'autorité civile l'occasion de faire des procès uniquement politiques en prétextant le zèle religieux. De là des excès dont le plus abominable est le procès de Jeanne d'Arc.

L'Eglise, qui a toujours marché à la tête du mouvement civilisateur et social, savait bien que rien n'était plus néfaste aux nations comme aux individus (et l'histoire des siècles suivants l'a tristement démontré) que l'introduction de l'hérésie dans le peuple catholique. Elle défendait donc le trésor de la Révélation divine avec un soin jaloux, et l'Etat, dont les intérêts se confondaient avec les siens, la soutenait puissamment. Dans ce but, toute personne suspecte d'avoir introduit des nouveautés dans la croyance ou de rejeter les dogmes traditionnels, était arrêtée ; puis l'évêque du diocèse, assisté de prêtres et de savants en renom, l'interrogeait scrupuleusement. A cet examen, le Saint-Siège était représenté par un délégué qui portait le nom de vice-inquisiteur.

Quand le crime ou délit n'était pas prouvé, l'accusé devait être immédiatement remis en liberté ; au contraire, la faute était-elle démontrée, le coupable se voyait mis en demeure de se rétracter ; s'il y consentait, il se tirait d'affaire avec une admonestation ou quelque punition bénigne. Le prévenu refusait-il de se soumettre, le tribunal ecclésiastique (après avoir épuisé toutes les bonnes raisons pour l'amener à résipiscence) portait un jugement constatant le crime et remettait l'obstiné à la justice séculière, c'est-à-dire aux *tribunaux ordinaires* du pays. Tout en recommandant le coupable à l'indulgence de ses nouveaux juges, le pouvoir ecclésiastique renonçait à le protéger, puisque,

JEANNE D'ARC PRISONNIÈRE. (Statue de BARRIAS.)

de son plein gré, il se retirait de la vérité religieuse.

Les magistrats civils s'emparaient alors de la cause et, tenant trop rarement compte de l'appel fait à leur clémence, punissaient le délinquant de la façon la plus sévère : les lois de ce temps-là n'étaient guère tendres pour les crimes d'hérésie, de blasphème et de sorcellerie, qu'elles considéraient à juste titre comme les éléments de la désorganisation de l'ordre social, et la peine qui s'ensuivait assez souvent était la mort par le feu.

Notons qu'avant d'être « livré au bras séculier » l'inculpé, s'il se croyait mal jugé, avait le droit d'en appeler du tribunal de son évêque à celui de l'archevêque métropolitain et de ce dernier à celui du Souverain Pontife. La remise de la cause au Saint-Siège *était de rigueur* dans les cas très importants ou encore lorsque les matières mises en jugement étaient si délicates qu'elles provoquaient le doute ou l'hésitation.

Il est impossible de méconnaître la sagesse de ces dispositions, mais tout procès suppose l'impartialité du juge; sans cette condition, que reste-t-il? Une forfaiture comme le procès de Jeanne d'Arc.

C'est donc un *procès ecclésiastique en manière de foi* que l'on a prétendu faire à la Pucelle. Pourquoi? D'abord parce que la vie et les actes de l'héroïne ne pouvaient donner prise à la moindre accusation ni même au moindre soupçon qui eût permis de faire intervenir un tribunal civil. Ensuite, parce qu'un procès ecclésiastique était seul capable d'aller à l'encontre de la croyance respectueuse qui, pour tous les honnêtes gens et les bons chrétiens, faisait de Jeanne une Envoyée de Dieu.

Devant l'Angleterre marchant à la conquête de la France, la jeune vierge s'était dressée; unique mais invincible obstacle, elle avait battu les troupes ennemies au moment même où elles allaient triompher. Il importait donc de la faire disparaître; mais ce n'était pas seulement au nom du patriotisme qu'elle s'était levée : « Dieu ne veut pas que l'Anglais règne en France, avait-elle dit, je suis envoyée du Ciel pour repousser l'envahisseur. » Il ne s'agissait donc pas simplement de supprimer Jeanne, il fallait surtout anéantir son prestige surnaturel, montrer que ce qu'elle appelait *sa mission* n'était que mensonge et, après l'avoir convaincue de sorcellerie ou de magie, la condamner comme suppôt de Satan.

Telle fut la pensée des organisateurs de ce procès. Ce sont avant tout deux princes anglais de race royale; le grand oncle et l'oncle du jeune roi Henri VI : Henri de Beaufort, évêque de Winchester, puis cardinal, dont la vie fut souillée de plusieurs crimes politiques, et son neveu, le tout puissant régent Bedford, instigateur, inventeur même de la cause. Cet homme incarne en lui la rancune des envahisseurs vaincus. La seule pensée de perdre la France conquise le révolte; servi par les circonstances, il a préparé, de concert avec l'Université de Paris, l'échafaudage de tout ce procès, puis il a désigné celui qui s'intitulera juge ecclésias-

tique de la Pucelle : Pierre Cauchon, dont nous
avons déjà parlé.

Le régent, l'Université et l'évêque choisi-
ront leurs complices ou leurs auxiliaires ; avec
une incomparable habileté, mais aussi avec
un mépris insolent de l'équité, ils organiseront
contre Jeanne toute cette machiavélique cons-
piration, que trop souvent la haine ou l'ignorance reprocheront à l'Eglise comme étant son
fait.

Le prélat expulsé de Beauvais est inexcu-
sable dans cette affaire. A supposer qu'il n'ait
pas connu avant le procès le caractère surnaturel de la sainte enfant, son intelligence péné-
trante, les renseignements que lui fournirent
les enquêtes, les témoignages et les interrogatoires de Jeanne lui démontrèrent surabondamment l'innocence de sa victime. Un moment
vint où le doute ne lui fut plus possible et, dès
lors, de quelque forme qu'il revêtît son crime,
il devint volontairement assassin.

Il fut d'ailleurs grassement payé ; on a des
reçus de sa main établissant qu'il toucha à
cette occasion une somme équivalant à plus
de cent mille francs de notre monnaie.

Néanmoins la rare perspicacité du traître
lui faisait concevoir qu'un jour ou l'autre des
protestations s'élèveraient contre sa partialité
et que son œuvre ne saurait toujours échapper
à la critique des juristes. Il calcula alors que
la meilleure manière de préparer sa défense
pour l'avenir était de multiplier ses complices.

En conséquence, il voulut, contrairement à
l'usage, s'entourer d'une véritable légion d'as-

sesseurs. Il les choisit parmi les plus notables gens d'Eglise de Normandie, ceux que les envahisseurs avaient en main. La chose lui fut assez aisée, car tous les prêtres suspects d'attachement à Charles VII avaient été expulsés par les Anglais.

On rechercha les personnages dont le servilisme paraissait acquis et que l'on croyait susceptibles de subir une pression effective. Sur cette liste, de riches prébendés dont la situation avait été faite par l'Angleterre côtoyaient de jeunes ecclésiastiques ambitieux. A côté des uns et des autres, on trouvait de pauvres gens terrorisés, essayant vainement d'échapper à la contrainte qu'on leur imposait.

Tous furent étroitement surveillés pendant la durée du procès. Défense leur avait été faite de sortir de Rouen; la moindre démarche favorable à l'accusée était considérée comme une trahison et leur attirait non seulement des reproches, mais la menace de peines les plus sévères, de la mort même.

Un bon tiers de ces docteurs ne prirent pas une part active au procès et se retirèrent après avoir fait acte de présence. D'ailleurs, lorsque l'évêque se fut aperçu de la manière victorieuse et convaincante avec laquelle Jeanne se défendait, il s'empressa de mettre fin aux interrogatoires publics et se rendit le plus souvent dans le cachot de la prisonnière, accompagné seulement de quelques-uns de ses complices avérés.

Il est certain que tous les assesseurs qui n'étaient pas livrés à l'Angleterre accordaient leur sympathie à la Pucelle dès qu'ils l'avaient entendue. Ceux qui la manifestaient ouvertement étaient fort maltraités; Jean de Châtillon, par exemple, se montrant un jour favorable à l'héroïne, l'évêque de Beauvais, mécontent, lui imposa silence. Une autre fois, à un assesseur éclairant l'accusée sur une question captieuse, l'irascible prélat criait :

— Taisez-vous au nom du diable !

Citons encore Nicolas de Houppeville. Cet homme de caractère dénonça le procès comme étant illégal, parce que Cauchon était du parti ennemi de Jeanne et parce qu'il se faisait juge d'un cas déjà tranché par son métropolitain l'archevêque de Reims, président de la Commission de Poitiers. Le prélat, irrité, l'exclut de la séance suivante et le cita même à la barre de son tribunal, mais l'assesseur déclara fièrement qu'il ne relevait que de l'officialité de Rouen et demanda en vain à être cité devant ses juges ordinaires. Cauchon alors le fit mettre en prison et décida de l'exiler outre-mer. Heureusement pour Nicolas de Houppeville, de puissants amis s'interposèrent et il fut relaxé.

Parmi ceux qui furent seulement consultés sur le cas de la Pucelle, on remarque comme s'étant prononcé ouvertement contre le procès un des ecclésiastiques les plus savants de Normandie, Jean Lohier, qui devint plus tard président de la Rote à Rome. Il démontra clairement que les pièces qu'on lui communiquait ne valaient rien pour plusieurs raisons : d'abord parce que l'accusée était confinée dans un lieu clos et fermé où les assesseurs ne pouvaient point émettre librement leur opinion.

On visait au procès des personnes qui n'avaient pas été citées juridiquement, tel le roi de France dont on attaquait l'honneur et qui n'était pas représenté. Enfin et surtout, on n'avait même pas donné de défenseur à Jeanne. L'éminent juriste expliqua sa manière de voir au greffier Manchon :

— Voyez, dit-il, la façon dont ils agissent. Peut-être pourront-ils trouver l'accusée en défaut dans ses affirmations relatives aux apparitions dont elle est favorisée, parce qu'elle les déclare certaines, mais si elle remplaçait ses paroles par celles-ci : *Il me semble,* nul homme au monde, selon moi, ne la saurait condamner. Je sais bien que ses juges procèdent contre elle uniquement par haine, aussi ne resterai-je pas ici, car je ne veux pas être mêlé à cette affaire.

Le lendemain, Jean Lohier reprit le chemin de Rome. Sa loyale intervention ne sauvait pas Jeanne, mais en flétrissant Cauchon et son œuvre elle soulageait l'âme de ceux qui, spectateurs impuissants, voyaient la dignité de l'Eglise compromise par des scélérats qui avaient juré de déshonorer la France en perdant Jeanne

CHAPITRE II

Le premier souci de l'évêque de Beauvais fut de se munir d'une autorisation lui reconnaissant le droit d'exercer à Rouen ses pouvoirs juridiques. Un prélat ne peut remplir des fonctions épiscopales en dehors de son diocèse sans une permission de l'Ordinaire du lieu où il se trouve; or, le siège de Rouen n'ayant point de titulaire, il appartenait au Chapitre de décider si le tribunal chargé d'examiner la Pucelle pourrait tenir ses séances dans cette ville. Celui-ci, composé presque exclusivement de chanoines inféodés à l'Angleterre, accorda son autorisation le 28 décembre 1430, dans une ordonnance dite lettre de territorialité.

Pour que le juge engageât, de sa propre initiative, un procès en matière d'hérésie, il fallait que l'accusé fût déjà réputé criminel. Pierre Cauchon eut donc le souci de s'entourer de renseignements sur la jeunesse de Jeanne. Il fit parvenir au chevalier Jean de Torcenay, bailli de Chaumont en Normandie, une Commission rogatoire, au nom de Henri VI, lui enjoignant d'ouvrir dans la contrée une enquête sur la Pucelle. Le magistrat délégua à cette fin le lieutenant d'Andelot, Gérard Petit, et un tabellion, Nicolas Bailly. Ceux-ci se rendirent à Domremy et aux environs, où ils interrogèrent une quinzaine de témoins. Le résultat ayant été favorable à la jeune Lorraine, Jean de Torcenay, mécontent, ordonna une contre-enquête qui ne fit que confirmer l'exactitude des premiers dires. L'officier s'emporta alors contre les délégués qu'il appela « traîtres et armagnacs ». Néanmoins, il n'eut pas la pensée d'altérer les textes et les envoya intacts à Pierre Cauchon par les soins d'un notable du pays.

Le prélat reçut très mal ce dernier, lui fit d'amers reproches et lui refusa non seulement tout salaire, mais aussi la juste rémunération de ses débours.

— Est-ce ma faute, disait le messager à l'un de ses amis, si cette enquête sérieusement conduite ne contient sur la prisonnière rien que je ne voudrais trouver dans ma propre sœur?

L'évêque de Beauvais ne semble avoir communiqué ces renseignements à personne; on ne les trouve nulle part insérés dans le procès. Le misérable avançait sans aucun reste de pudeur dans les voies de l'iniquité.

Le premier acte officiel de la procédure eut lieu le 9 janvier 1431. Pierre Cauchon réunit dans l'hôtel du Conseil royal, près du château de Rouen, huit de ses assesseurs. Il leur exposa l'historique des démarches qu'il avait faites jusqu'à ce jour et qui l'avaient mis en possession de la personne de Jeanne et en mesure de la juger ; puis il leur donna lecture du dossier qu'il avait réuni ; les auditeurs décidèrent qu'il y avait lieu de prendre de nouvelles informations sur l'accusée.

Séance tenante, le tribunal fut constitué. Le promoteur ou procureur général chargé de soutenir l'accusation fut un triste sire, Jean d'Estivet, chanoine de Bayeux et de Beauvais, surnommé *Bénédicité* ; le conseiller examinateur (faisant les fonctions du juge d'instruction de nos tribunaux), Jean de la Fontaine, maître ès arts et licencié en droit canon ; les greffiers Guillaume Colles, dit Boisguillaume, et Guillaume Manchon, de la curie archiépiscopale, enfin l'exécuteur des mandements, Jean Massieu, doyen de la chrétienté de Rouen.

Quand l'évêque de Beauvais eut distribué tous les rôles, il laissa déborder de son abominable cœur une allégresse impie et s'écria :

— *Il nous faut servir loyalement le roi ; il s'agit de faire un beau procès !*

Le samedi suivant 13 janvier, il réunit dans la maison de maître Jean Rubé, où il reçut l'hospitalité durant presque toute la durée du procès, six des assesseurs, et leur fit donner lecture des informations recueillies par lui sur la Pucelle (mais non de celles de Domremy, puisque ni assesseurs ni greffiers n'en entendirent jamais parler). On décida alors de rédiger quelques articles concernant les principaux chefs d'accusation.

Le Régent, on le pense bien, contrôla soigneusement tous ces préliminaires. Comprenant qu'il serait bien servi et que l'issue du procès répondrait sûrement à son attente, il reprit alors le chemin de Paris pour s'opposer plus efficacement au mouvement patriotique qui se dessinait contre les envahisseurs.

Les articles étant prêts le 23 janvier, on les communiqua aux mêmes assesseurs. On résolut ensuite de faire procéder à une enquête préparatoire sur les faits et dires de la prisonnière. L'évêque de Beauvais, désireux de donner un peu plus d'autorité au procès qu'il entreprenait, demanda à l'Université de Paris d'envoyer quelques-uns de ses membres comme assesseurs. Pareille chose ne s'était jamais vue, mais l'*Alma Mater*, qui était toute dévouée à l'Angleterre, s'empressa de déférer à ce désir, et six des plus célèbres maîtres qui se préparaient à se rendre au Concile de Bâle changèrent de direction pour venir à Rouen.

C'étaient : Jean Beaupère, Pierre Maurice, Gérard Feuillet, Nicolas Midi et Thomas de Courcelles. Le mardi 13 février, ils se mirent à l'œuvre pour la première fois et s'assemblèrent dans la résidence de l'évêque de Beauvais avec les docteurs précédemment nommés. En leur présence, les officiers du procès prêtèrent serment.

Le 19 février, les douze assesseurs, toujours réunis au même endroit, prirent connaissance de l'information préparatoire et déclarèrent qu'il y avait lieu d'appeler devant le tribunal la prisonnière en cause de foi. Pierre Cauchon

LE CHATEAU DE ROUEN — LA GROSSE TOUR

aurait voulu s'adjoindre l'inquisiteur de France, mais comme il était absent de Rouen, il résolut de le remplacer par son vicaire dans cette ville. Ce dernier se nommait Jean Lemaître; il était de ces pusillanimes qui ne savent pas refuser leur concours à une iniquité. Tout d'abord, il chercha à se récuser comme n'étant délégué que pour le seul diocèse de Rouen, la cause appelée relevant de l'évêché de Beauvais.

Cauchon écrivit alors à l'inquisiteur général de France, pour lui demander de munir son vicaire de pouvoirs spéciaux. Jean Lemaître les reçut à la date du 4 mars, et, à partir du 13, siégea à côté du juge en compagnie de son confrère en religion Ysambard de la Pierre et de Nicolas Taquel, notaire nommé par lui.

Tandis que se déroulait cette longue suite de conciliabules, les Anglais s'acharnaient à faire expier à leur victime la terreur qu'elle leur avait inspirée jadis. Une étroite cage de fer avait été commandée à Rouen et amenée dans la prison; elle était disposée de façon à ce que la Pucelle dût nécessairement s'y tenir debout : on imposa souvent cette humiliante torture à l'héroïque enfant.

C'était l'hiver et elle n'avait d'autre couchette qu'une planche. Nul être humain n'était venu lui apporter des paroles de compassion, tout secours religieux même lui avait été refusé. La terre se montrait d'une cruauté inouïe, mais heureusement il lui restait le ciel : jamais les visites de ses Saintes n'avaient été plus fréquentes, et jamais ses Voix n'avaient mis plus de tendresse à la consoler.

Parmi les assesseurs qui furent présents à toutes les séances préparatoires, il faut citer un chanoine de Rouen, Nicolas Loyseleur, peut-être la figure la plus abominable et la plus repoussante du procès. Cet homme, qui avait l'entière estime de l'évêque de Beauvais, fut placé près de Jeanne comme conseiller de perdition. Il avait pour mission d'abuser de la confiance de la jeune fille, afin de lui suggérer des réponses de nature à la perdre ; pour arriver à ses fins, il ne craignit pas d'employer les moyens les plus ignobles et les plus méprisables.

En voici quelques-uns. Tout d'abord, il se déguisa en cordonnier et se fit enfermer avec Jeanne. Se donnant à elle comme un compatriote, il conquit vite sa sympathie et tenta de lui arracher ses secrets. Quand il crut avoir réussi, il courut prévenir ses maîtres. Cauchon et Warwick, gouverneur de Rouen, voulant exploiter la situation, vinrent se placer avec les greffiers près du cachot, de manière à tout entendre sans être vus. Loyseleur pénétra alors dans la prison et eut avec l'héroïne un entretien confidentiel sur le procès. L'évêque de Beauvais, qu'aucune besogne n'arrêtait, ordonna d'en rédiger procès-verbal, mais les greffiers, révoltés d'un tel procédé, répondirent :

— Non, non, nous n'agirons pas ainsi, il n'est ni conforme au droit ni même honnête d'instruire un procès de cette façon.

Loyseleur, voulant entrer davantage dans la confiance de la captive, alla plus loin encore et lui révéla sa qualité de prêtre. Cette fois, son plan réussit à merveille ; la pauvre enfant qui, on le sait, se trouvait privée de tout secours religieux, l'adopta comme confesseur et comme conseiller.

Il acquit par là une influence considérable dont il se servit pour abuser impunément de la crédulité de la jeune fille. Allant jusqu'à feindre des communications surnaturelles avec sainte Catherine, il lui persuada de répondre à ses juges des choses que, le plus souvent, elle-même ne comprenait pas ; notamment au sujet de la soumission à l'Eglise. On verra quelles furent les conséquences de ce sacrilège abus de confiance.

C'est dans ces conditions que se déroulèrent les différentes phases du drame de Rouen. Jeanne subit en premier lieu, du 21 février au 3 mars, six interrogatoires publics où tous les assesseurs étaient convoqués. Comme ces séances démontraient l'injustice des accusations formulées contre Jeanne, on supprima leur publicité. L'évêque ou son délégué pénétra alors dans la prison avec quelques docteurs seulement, et du 10 au 17 mars fit subir coup sur coup à la prévenue neufs longs et pénibles interrogatoires. Les réponses de l'accusée ayant été recueillies, on les lut à la Pucelle qui, au dire de ses juges, reconnut les avoir faites. Puis, le 25 mars, Pierre Cauchon et quatre de ses complices se rendirent alors auprès d'elle et l'exhortèrent à reprendre l'habit féminin. Elle s'y refusa ; nous expliquerons sa conduite au chapitre suivant.

Tout ce qui précède constitue l'instruction

de la cause ; maintenant le procès ordinaire va commencer. Lorsque le promoteur d'Estivet eut rédigé l'acte d'accusation en soixante-dix articles, les assesseurs réunis chez Cauchon en prirent connaissance le 26 mars et décidèrent qu'il y avait lieu de les communiquer à Jeanne.

On ne peut imaginer tissu de calomnies plus cyniques, d'erreurs plus grossières et de stupidités plus flagrantes. Tout cela est mêlé, confondu dans un inextricable pêle-mêle avec des faits véritables et de tous points licites. On reprochait entre autres choses à l'accusée :

D'avoir eu dans son enfance des pratiques superstitieuses autour de l'arbre des Fées ; de s'être mise en rapport avec Satan et les esprits mauvais ; d'avoir vécu à Neufchâteau en compagnie des femmes perdues et des gens de guerre ; d'avoir tenu des propos inconvenants avec Robert de Baudricourt ; de faire usage d'habits d'homme ; de porter les armes ; de s'être vantée qu'elle ferait lever le siège d'Orléans, couronner le dauphin Charles à Reims, et qu'elle chasserait tous les Anglais de France ; d'avoir dit qu'on n'obtiendrait bonne paix qu'avec le bout de la lance et du glaive : d'avoir mis des croix et les noms de Jésus et de Marie sur ses lettres ; de s'être prétendue *envoyée de Dieu*, même pour des choses tendant à la violence, à l'effusion du sang humain ; de refuser de révéler le secret donné par elle à Charles comme signe de sa mission ; d'avoir fait des prophéties et d'en faire encore ; de déclarer entendre les voix des archanges, des anges, des saints et saintes de Dieu ; de n'avoir pas toujours obéi à ses Voix qu'elle dit venir du ciel; d'affirmer que tout ce qu'elle fait, elle l'accomplit d'après l'ordre de Dieu.

On l'accusait en outre d'avoir dit qu'elle croyait n'avoir jamais fait de péché mortel, de s'être approchée de la Sainte Table en habit d'homme; d'avoir essayé de se suicider à Beaurevoir; d'avoir, suivant son dire, embrassé sainte Catherine et sainte Marguerite et de les avoir touchées; d'avoir dit que ses Saintes aimaient les Français et détestaient les Anglais; d'affirmer avoir reçu d'elles la révélation de son salut éternel, pourvu qu'elle gardât sa virginité; d'avoir manqué de révérence envers Dieu dans la plainte qu'elle fit à ses Saintes au château de Beaurevoir à propos des gens de Compiègne; d'avoir caché ses révélations à son curé et à ses parents; de ne les avoir soumises ni à l'Eglise ni à un évêque; d'avoir accepté pour elle-même des marques de vénération qui n'étaient que de l'idolâtrie; de prier ses Voix et, par là même, d'invoquer les démons; de s'être dite guidée par un ange à Chinon pour porter une couronne à Charles; de se laisser adorer comme une sainte.

On reprochait encore à Jeanne des prières faites par vénération pour elle en certaines églises; les médailles à son effigie, que beaucoup portaient avec confiance; le commandement d'une armée parfois nombreuse. On la blâmait de vivre en compagnie des hommes, d'être servie par eux; de posséder des richesses, un grand train de maison; d'avoir deux conseillers, appelés *conseillers de la Fontaine,*

(selon ce que Catherine de La Rochelle avait
dit à l'Official de Paris); d'avoir échoué devant
Paris, à La Charité-sur-Loire, à Pont-l'Evêque,
à Compiègne, après avoir promis la victoire
de la part de Dieu; d'avoir fait peindre un étendard, puis ses armes personnelles, ce qui n'était
que faste et vanité, non religion et piété;
d'avoir mis une de ses armures à Saint-Denis
pour en faire des reliques; d'avoir, dans la
même ville, versé de la cire fondue sur la tête
des petits enfants en leur prédisant l'avenir;
de refuser de se soumettre à l'Eglise militante;
de s'attribuer l'autorité de Dieu et des anges
pour s'élever au-dessus de tout pouvoir ecclésiastique; de prétendre être pardonnée du péché
commis contre ses Voix à Beaurevoir, ce qui
va contre l'Ecriture, laquelle affirme que nul
ne sait s'il est digne d'amour ou de haine, etc.

Voilà le résumé du réquisitoire de Jean d'Estivet; on voit que nous avons eu raison de le
qualifier sévèrement : ce qu'il contient d'exact
est absolument innocent, le reste est de pure
calomnie. Jeanne en protesta maintes fois quand
elle entendit la lecture de ce factum, mais, sans
lui opposer aucun témoignage, on se contenta de
passer outre.

Cependant, on n'osa produire au public un
tel tissu d'absurdités. L'évêque et ses complices
virent bien que l'œuvre était à refaire; ils char-
gèrent de cette besogne Nicolas Midi (que
Thomas de Courcelles assista sans doute), et, le
jeudi 5 avril, l'accusation se trouvait résumée
en douze articles, beaucoup plus perfidement
agencés que le réquisitoire de d'Estivet. Ce

factum odieux fut le véritable instrument du supplice de la Pucelle.

On y supprime la majeure partie des stupidités que nous venons de lire et on impute à la jeune fille, en fait de crimes, tout ce qui a rapport à ses révélations, s'efforçant de les donner comme communications avec Satan ; le port de l'habit d'homme et, enfin, le refus de soumission au jugement de l'Eglise militante. On ne communiqua pas à Jeanne ce résumé écrit contre elle, et on l'envoya aux évêques d'Avranches, de Coutances et de Lisieux, les seuls des six suffragants de Rouen alors présents dans leurs évêchés ; à plusieurs abbés ayant rang de prélats, au Chapitre de Rouen en tant que corps, et à un grand nombre de savants en théologie, en droit canon et en droit civil. Remarquons que l'évêque de Beauvais prenait sur lui d'affirmer la vérité des choses contenues dans les douze articles, et qu'il demandait seulement à chacun des personnages consultés de donner son avis sur leur contenu et cela en vertu de la disposition législative qui obligeait un docteur à émettre son opinion sur une cause ecclésiastique lorsqu'un prélat le mettait en demeure de le faire.

Encore une fois la consultation donnée s'appliquait non pas nommément à Jeanne, mais à une femme quelconque présentée par les douze articles comme coupable des faits qu'on y relatait.

On mit peu d'empressement dans le renvoi des dossiers. Le 12 avril vingt-deux gradés ecclésiastiques répondent les premiers et se montrent durs pour l'accusée qu'ils déclarent schismatique.

Les conclusions de l'évêque d'Avranches étaient nettement opposées aux idées de Cauchon; elles réclamaient l'envoi de la cause de Jeanne au Pape; aussi furent-elles supprimées par l'inique juge dans les comptes rendus du procès. Plusieurs des savants consultés firent d'importantes réserves et dirent : Je juge ainsi, *à moins que lesdites révélations ne viennent de Dieu;* je condamne l'habit d'homme, *à moins qu'elle ne l'ait pris par ordre du Ciel.*

Le Chapitre de Rouen, convoqué, n'est pas en nombre une première fois. Le lendemain, il vote en majorité les trois décisions suivantes :

1° On doit lire à Jeanne les douze articles traduits en langue française;

2° On lui fera une monition charitable de se conformer au jugement de l'Eglise;

3° On demandera l'avis de l'Université de Paris.

Cependant, dans une seconde séance, il se montra plus sévère et déclara que la femme en question « lui paraissait devoir être réputée hérétique ».

Cauchon ne tint aucun compte de la première conclusion du Chapitre, mais il adhéra volontiers aux deux dernières qui concordaient aux réponses d'autres savants : il délégua à l'Université trois de ses docteurs alors à Rouen, porteurs des douze articles; il se rendit lui-même, le 18 avril dans la prison de Jeanne, pour lui faire une exhortation. Comme elle persévérait à ne pas se soumettre, il lui adressa une admonition publique le 2 mai, dans une salle du château de Rouen, en présence de soixante-sept de ses assesseurs. Il va sans dire que cette formalité n'eut pas plus de succès que tout le reste; mais reportons nos regards sur Jeanne, et voyons sa noble attitude devant ses juges.

CHAPITRE III

Au milieu de ses dures épreuves, l'âme de
Jeanne restait toujours unie à son divin Epoux.

Un trait touchant montra à ses juges, sans
les émouvoir, hélas! ni changer leurs cœurs,
combien celle qu'ils éloignaient des sacrements
ne vivait néanmoins que pour Jésus-Christ.
Les séances publiques donnèrent à l'angélique
enfant l'occasion de demander à Massieu si les
Saintes Espèces étaient conservées dans la chapelle qu'elle rencontrait sur son trajet. Ayant
reçu une réponse affirmative elle sollicita l'autorisation de s'arrêter devant la porte du sanctuaire pour prier ; l'huissier compatissant accéda
à ce désir. Comme autrefois Marie dans le
jardin du Sépulcre, Jeanne cherchait son Sauveur ; parvenue à l'huis de la chapelle elle
insista auprès de Massieu :

— Le corps de Jésus-Christ est-il bien là?

Sur une seconde assurance elle s'agenouilla
sur la dalle et se plongea dans une adoration
profonde.

JEANNE D'ARC ENCHAÎNÉE (Statue de Fossé.)

Qui pourrait retenir son émotion devant une scène si grande en sa simplicité !

Cette condescendance au désir de l'héroïne ne fut pas plutôt rapportée à d'Estivet qu'il invectiva grossièrement l'huissier du tribunal. Toutefois ses menaces n'ayant produit aucun effet, Cauchon lui-même intima défense de laisser désormais la prisonnière s'arrêter en cours de route. Cruauté impie qui nous prouve en quelles mains la Pucelle était livrée!.....

Malgré l'iniquité de ses juges, Jeanne d'Arc pendant les interrogatoires, demeure toujours respectueuse à leur égard ; elle sait que tous ces hommes sont animés contre elle de la haine semée par les Anglais ; cependant elle ne voit en eux que le caractère sacerdotal, et si elle refuse de se soumettre à leur décision, c'est parce que sa conscience lui montre qu'ils agissent illégalement en ce procès. On veut lui faire nier ses révélations ; son devoir est de les affirmer, elle les affirme. On exige d'elle l'abandon du costume masculin, elle s'y oppose pour deux motifs : d'abord pour ne pas désobéir à Dieu et démentir indirectement par là sa mission surnaturelle, ensuite, hélas! parce qu'elle a besoin de défendre sa pudeur contre les misérables qui lui tiennent compagnie dans sa prison.

La perfidie des assesseurs et les mensonges de Loyseleur parviennent enfin à faire l'obscurité dans l'esprit simple et sans détour de l'humble paysanne. Vers la fin de ses interrogatoires elle déclare ne pas se soumettre à l'Eglise militante, mais à Dieu seul. L'accusée voulait

signifier par là (et elle entendait chaque jour
Loyseleur lui donner ce conseil) qu'elle ne
pouvait s'en rapporter au jugement de Cauchon et de son tribunal. Or, c'est en désignant,
sous le nom d'Eglise militante tous ces pré-
varicateurs, qu'on l'amenait, sans qu'elle se
rendît compte du subterfuge, à refuser en
apparence toute juridiction ecclésiastique. Mais,
lorsque Jean de la Fontaine, révolté par de
telles manœuvres, risque sa vie pour lui exposer
la vérité sur ces questions délicates, elle consent tout de suite à se soumettre non seulement
à l'Eglise, au Pape et au Concile, mais encore
à un tribunal ecclésiastique qui ne serait pas
en entier sous la main des Anglais.

Cependant, Jeanne est admirable de sagesse
devant ses juges. Si ses réponses ne nous sont
point toutes parvenues, du moins, grâce à
Manchon, elles n'ont point été habituellement
falsifiées; leur beauté seule a été atténuée et
elles restent merveilleuses de foi et de simplicité. Nous ne saurions nous en étonner,
puisque nous avons vu que ses Voix la visitaient et l'inspiraient plus que jamais; constamment elles la guidèrent durant le procès
et lui apportèrent les plus douces consolations. Pourquoi néanmoins ne lui ont-elles pas
dévoilé tous les pièges qui lui furent tendus?
Dieu, s'il le voulait, pouvait sans nul doute
communiquer à l'Archange et aux Saintes les
lumières nécessaires pour déjouer toutes les
embûches; mais cela n'entrait pas dans le plan
divin; notre Libératrice devait, non échapper
aux mains de ses ennemis, mais consommer sa

mission en recueillant la palme du martyre.

Chaque jour Jeanne recevait donc la visite de son céleste Conseil ; si parfois sa présence se faisait désirer, la pieuse captive se mettait à genoux et récitait cette touchante prière :

— Très doux Dieu, en l'honneur de votre sainte Passion, je vous demande, si vous m'aimez, de me révéler ce que je dois répondre à ces gens d'église.

Et elle ajoutait au sujet du costume masculin qu'on voulait lui faire abandonner :

— Je sais bien que c'est par votre commandement que j'ai pris cet habit, mais je ne sais point comment je dois le quitter. Veuillez donc, je vous en supplie, me l'enseigner.

Les prières de la jeune fille furent-elles exaucées ? Ecoutons ce qu'elle nous en apprend elle-même :

— Ce n'est pas sans nécessité, dit-elle, que je demande le secours de Dieu. Je voudrais qu'il me secourût encore davantage afin qu'on voie mieux que je suis venue de Dieu, que c'est lui qui m'a envoyée.

Le cadre de ce petit volume ne nous permet pas de citer en entier les interrogatoires. Nous cueillerons simplement quelques-unes des admirables fleurs de sagesse qui se trouvent en abondance parmi les réponses de l'héroïne.

On lui demande :

— Dans votre jeunesse, avez-vous appris quelque métier ?

— Oui, j'ai appris à coudre et à filer. Pour coudre et filer, je ne crains femme de Rouen.

Avec quelle noblesse et quelle fermeté ne

parle-t-elle pas à Pierre Cauchon et à ses juges! Plusieurs apostrophes à ce sujet nous en donneront une idée :

— Je vous l'ai déjà dit, prenez bien garde à ce que vous dites que vous êtes mon juge, car vous assumez là une lourde responsabilité et vous me chargez trop.

— Je suis venue de la part de Dieu, je n'ai rien à faire ici; remettez-moi à Dieu de la part de qui je suis venue. Vous dites que vous êtes mon juge, prenez garde à ce que vous faites, car, en vérité, je suis envoyée de Dieu et vous vous mettez en grand danger.

— Vous ne ferez pas ce que vous dites contre moi, sans qu'il en arrive malheur à votre corps et à votre âme.

Un jour on lui pose une question qui révolte la plupart des assesseurs eux-mêmes :

— Êtes-vous en état de grâce?

— Si je n'y suis pas, répond-elle avec recueillement, Dieu veuille m'y mettre. Si j'y suis, Dieu veuille m'y garder! Je serais la plus malheureuse du monde si je savais que je ne suis point en la grâce de Dieu. Si j'étais en état de péché je crois que la Voix ne viendrait pas à moi.

— Quand vous vous confessez, croyez-vous être en état de péché mortel?

— Je ne sais si je suis en péché mortel, mais je ne crois pas en avoir fait les œuvres; et plaise à Dieu que je n'y sois jamais; à Dieu ne plaise aussi que je fasse ou que j'aie fait des œuvres qui chargent mon âme!

On l'interroge sur le Souverain Pontife. (Rappelons-nous qu'en ce moment il y avait un anti-pape, bien que le schisme d'Occident fût éteint.)

— Que dites-vous de notre seigneur le Pape? Et quel est, croyez-vous, le vrai Pape?

— Est-ce qu'il y en a deux? Pour moi je tiens et je crois que nous devons obéir à notre Seigneur le Pape qui est à Rome.

La questionne-t-on sur la Voix qui vient à elle :

— Cette Voix est belle, douce et humble, elle parle la langue française.

— Sainte Marguerite ne parle donc pas anglais? reprend alors le juge.

— Comment parlerait-elle anglais, puisqu'elle n'est pas du parti des Anglais?

Jeanne répète souvent :

— La Voix m'a dit de répondre hardiment et que Dieu m'aiderait.

— Je ne l'ai jamais trouvée tenant deux langages opposés.

Si on suspecte sa foi en ses révélations, elle proclame sans hésiter :

— Aussi fermement que je crois que Notre-Seigneur Jésus-Christ a souffert la mort pour nous racheter des peines de l'enfer, je crois que c'est saint Michel et saint Gabriel, sainte Catherine et sainte Marguerite que Notre-Seigneur m'envoie pour me conseiller et me réconforter.

— Je les ai vus des yeux de mon corps aussi bien que je vous vois. Quand ils s'éloignaient de moi, je pleurais et j'aurais bien voulu qu'ils m'emmènent avec eux.

On lui déclare que son devoir est de s'en remettre à la décision de l'Eglise :

— Que mes réponses soient vues et examinées par les clercs et puis qu'on me dise s'il y a quelque chose contre la foi chrétienne. Je saurai bien par mon Conseil ce qui en est, et je vous dirai ensuite ce qu'il en aura jugé.

Ses sentiments à l'égard de Dieu, de Notre-Seigneur, de la Sainte Eglise éclatent pardessus tout. Admirons les touchantes paroles qu'elle prononça à ce sujet :

— De tous ces délits allégués contre moi, je ne crois pas en avoir commis aucun contre la foi chrétienne.

— Au nom de Dieu, je jure que je ne voudrais pas que le diable m'eût tirée hors de la prison.

— A l'endroit où il est écrit : « Tout ce que j'ai fait, je l'ai fait par le conseil de Notre-Seigneur », il doit y avoir : « Tout ce que j'ai fait de bien. »

— Mes œuvres et mes actions sont toutes en la main de Dieu et sur toutes choses je m'en rapporte à lui. Je vous certifie que je ne voudrais rien faire ou dire contre la foi chrétienne; si j'avais fait ou dit quoi que ce soit, s'il y avait sur mon corps quelque chose que les clercs puissent dire contraire à la foi chrétienne que Notre-Seigneur a établie, je ne voudrais pas le soutenir, mais je le repousserais.

— L'Eglise, je l'aime et la voudrais soutenir de tout mon pouvoir pour notre foi chrétienne. Ce n'est pas moi que l'on devrait empêcher d'aller à l'église et d'entendre la messe. Oh ! je vous en prie, en l'honneur de Dieu et de Notre-Dame, permettez-moi d'entendre la messe en cette bonne ville.

— Je crois que Notre-Seigneur et l'Eglise, c'est tout un et qu'il ne doit point y avoir de difficultés là-dessus. Pourquoi, vous, y faites-vous difficulté?

— Je demande à être menée devant Notre Saint Père le Pape, et je répondrai devant lui tout ce que je devrai répondre.

Le vêtement masculin constituait un des plus grands griefs contre la jeune vierge; on le lui reprochera souvent.

— Puisque je le porte sur l'ordre de Dieu, dit-elle, et pour son service, je ne crois point mal faire; aussitôt qu'il plaira à Dieu de me l'ordonner, je le déposerai.

— Maintenant encore, si j'étais en présence de mon parti et en cet habit d'homme, il me semble que ce serait un grand bien pour la France de faire comme je faisais avant d'être prise.

— Croyez-vous avoir bien fait de prendre un habit d'homme? lui demande-t-on.

— Tout ce que j'ai fait par ordre de Notre-Seigneur, assure notre héroïne, je crois l'avoir bien fait, j'en attends bonne garantie et bon secours.

La crainte de devoir quitter son habit par force pour aller au supplice préoccupe son angélique pudeur :

— S'il arrive que je doive être menée en jugement, déclare-t-elle, qu'il faille me dévêtir par ordre de justice, je requiers les seigneurs de l'Eglise de me faire la grâce d'avoir une chemise de femme et un capuchon sur la tête : j'aime mieux mourir que de révoquer ce que Notre-Seigneur m'a fait faire.

— Vous dites que vous portez l'habit d'homme sur l'ordre de Dieu, insinue l'assesseur; pourquoi demandez-vous une chemise de femme pour l'article de la mort?

— Il me suffit qu'elle soit longue, répond la chaste jeune fille.

On lui parle de sa bannière.

— J'aimerais beaucoup plus, quarante fois plus ma bannière que mon épée.

— Je portais moi-même cette bannière quand j'attaquais les ennemis pour éviter de tuer personne, car je n'ai jamais tué un seul homme.

— Pourquoi, lui demande-t-on un jour, votre étendard fut-il porté dans l'église de Reims au sacre, plutôt que celui des autres capitaines?

— Il avait été à la peine, il était bien juste qu'il fût à l'honneur ! répond-elle.

Jeanne n'a pas peur de dire la vérité à ses juges. Ayant à se plaindre d'un procédé injuste de la part de Cauchon :

— Vous écrivez bien ce qui est contre moi, mais non ce qui est pour moi ! s'écrie-t-elle.

Comme on l'accusait d'avoir détourné Charles VII de tout accommodement avec ses ennemis :

— Je vais vous répondre au sujet de la paix : je l'ai demandée au duc de Bourgogne par lettre, et aussi en m'adressant à ses ambassadeurs; mais pour les Anglais, la paix qu'il leur faut, c'est qu'ils s'en aillent dans leur pays.

Quand on songe que la Pucelle est enchaînée au pouvoir de ces Anglais et qu'elle parle ainsi devant Cauchon et Warwick, on comprend l'héroïsme qui l'anime, non moins que la rage de ses auditeurs.

Ses juges expriment leur étonnement de ce qu'elle ait été choisie de préférence à tant d'autres pour accomplir la mission dont elle se dit chargée :

— Il a plu à Dieu d'agir ainsi par une simple pucelle, dit-elle humblement, et, par elle, de chasser les ennemis du roi.

— Puisque Dieu le commandait, il convenait d'obéir ; puisque Dieu l'ordonnait, si j'eusse eu cent pères et cent mères et que j'eusse été fille de roi, je serais néanmoins partie.

Toujours très calme, en possession d'elle-même, la captive nie énergiquement les accusations dont d'Estivet l'accable et qu'il ne peut prouver. Comme on ne tient aucun compte de ses dénégations, elle en appelle au Juge souverain :

— Je m'en rapporte à Notre-Seigneur, répète-t-elle maintes fois.

Jeanne d'Arc fut merveilleusement éclairée pendant toute la durée du procès, mais où elle se montre encore plus divinement inspirée, c'est lorsqu'elle prophétise la défaite des Anglais et le triomphe de nos armes :

— Je sais bien que mon roi gagnera le royaume de France. Je le sais bien, aussi bien que je sais que vous êtes là devant moi, siégeant en tribunal. Je serais morte, n'était cette révélation qui me réconforte tous les jours.

— Vous verrez que les Français gagneront une importante victoire, que Dieu enverra si grande que presque tout le royaume de France en sera ébranlé. Je le dis afin que, quand cela sera arrivé, on se souvienne que je l'ai dit.

— Si les Anglais avaient ajouté foi à ma lettre, ils auraient agi sagement. Avant sept ans, ils sentiront toute la vérité de ce que je leur ai écrit.

— Dieu hait-il les Anglais? interrogeait curieusement un assesseur.

— De l'amour ou de la haine que Dieu a pour les Anglais, répondit l'accusée, ou de ce qu'il fait pour leurs âmes je n'en sais rien ; mais je sais bien qu'ils seront chassés de France, excepté ceux qui y mourront, et que Dieu enverra victoire aux Français contre les Anglais.

Quant à elle-même, ses Saintes lui ont prédit sa mort ; mais, pour lui adoucir les tortures d'une longue agonie morale, Dieu permet que le sens de leurs paroles lui demeure caché :

— Mes Voix me disent : « Prends tout en gré, ne t'inquiète pas de ton martyre, tu viendras finalement au royaume du paradis. »

— Qu'entendez-vous par votre martyre? interroge l'assesseur.

— Par mon martyre, j'entends la peine et l'adversité que je souffre en prison ; je ne sais si j'aurai plus grande peine à souffrir ; d'ailleurs, je m'en rapporte à Notre-Seigneur.

La meilleure des consolations est en même temps donnée à la jeune fille par ses Saintes : c'est la certitude de son salut.

— Je crois fermement, déclare-t-elle, ce que mes Voix m'ont dit, c'est-à-dire que je serai sauvée ; je le crois aussi fermement que si je l'étais déjà.

Voici Jeanne peinte par elle-même dans la sublimité de ses réponses. Rappelons-nous cependant que ces dernières ont été rédigées, non par des amis, mais par des adversaires. Que serait-ce si elles **nous avaient été** transmises intégralement !

CHAPITRE IV

Tandis que le tribunal prépare, sous des
formes plus ou moins juridiques, l'assassinat
de la Libératrice de la France, celle-ci semble
sur le point de lui échapper par la mort. Ses
malheurs, les rigueurs de la pénitence volon-
taire qu'elle s'est imposée pendant le Carême,
l'inaction forcée de la prison, le manque d'air
de l'étroite cellule qui la retient depuis trois
mois ont eu raison de sa robuste santé : elle
maigrit, s'étiole, et les Anglais eux-mêmes ont
peur de la voir expirer avant la fin du procès.
Par leur ordre, deux célèbres médecins parisiens sont arrivés à Rouen où ils reçoivent de
Warwick cette abominable déclaration :

— Jeanne est malade, et vous avez été mandés
pour l'examiner avec toute votre attention.
Pour rien au monde le roi ne veut qu'elle pé-
risse de mort naturelle : il l'a payée trop cher
pour cela ! S'il a donné tant d'argent pour
l'acheter, c'est qu'il prétend qu'elle meure de
la main des bourreaux et sur le bûcher.

On ne peut recueillir de plus brutal aveu sur le fonctionnement de la tragédie de Rouen. En fait de justice, il n'y avait qu'une infàme parodie; en faut-il d'autres preuves, quand le pouvoir souverain se permet pareil propos ?

La consultation terminée, les docteurs dirent à Warwick :

— La malade a la fièvre, mais une saignée la tirera d'affaire.

— Une saignée! repartit le comte. Prenez garde, Jeanne est très rusée et pourrait profiter de la circonstance pour mettre fin à ses jours !

Pourtant on la saigna et elle entra bientôt en convalescence; peu après, elle eut une rechute. Cette fois, ce fut d'Estivet qui introduisit les médecins auprès de la Pucelle. Comme on lui demandait la cause de son mal, elle dit simplement :

— L'évêque de Beauvais m'a envoyé une carpe. J'attribue mes souffrances à ce que j'ai mangé de ce poisson.

En entendant ces paroles, le promoteur s'écria :

— Mais non, c'est toi, paillarde, fille de mauvaise vie, qui as mangé des anchois et autres choses du même genre !

La jeune fille nia. Accablée d'injures par son interlocuteur, elle le reprit vertement; cependant, l'émotion l'avait bouleversée et la fièvre recommença.

Quelques jours plus tard, bien qu'elle fût encore souffrante et alitée, Cauchon, escorté de sept assesseurs, pénétra dans la prison pour l'engager hypocritement à rétracter ses erreurs

et à veiller ainsi au salut de son âme et de son
corps. Jeanne, étendue **sur son lit de douleurs,**
eut la force de remercier l'évêque de Beauvais,
puis, dévoilant d'un mot ses sentiments intimes
à l'heure même où on voulait les obscurcir :

— Il me semble que, vu le mal que j'ai, **je
suis en grand danger de mort,** déclara-t-elle.
S'il en est **ainsi,** que Dieu veuille faire **son**
bon plaisir à **mon sujet,** je vous demande de
pouvoir me **confesser, de** recevoir mon Sauveur, **et d'être ensevelie en terre sainte.**

A cette touchante prière, le juge inexorable
répondit :

— Si vous voulez avoir les droits et sacrements de l'Eglise, il faut que vous fassiez
comme les bons catholiques et que vous **vous**
soumettiez à la Sainte Eglise.

— Je ne saurais, repartit Jeanne, vous dire
pour le moment rien autre chose à ce sujet.

— Plus vous craignez pour votre vie, insista
Cauchon, plus vous devriez vous amender :
vous n'aurez point part aux droits de l'Eglise
comme une catholique, **si** vous ne vous sou-
mettez à l'Eglise.

— Si mon corps meurt en prison, je compte
que vous le ferez mettre en terre sainte, supplia la pieuse vierge; si vous ne l'y faites point
mettre, je m'en remets à Notre-Seigneur.

Cependant, on continua à lui poser des
questions captieuses. Tout à coup la malade
entend dire à l'un des assesseurs présents **que,**
faute de soumission, on la traitera comme **une**
païenne. A ce mot, Jeanne, rassemblant **ses
forces, relève la tête :**

JEANNE D'ARC MALADE DANS SA PRISON DE ROUEN
(Tableau de BENOUVILLE.)

— Je suis bonne chrétienne, j'ai été bien baptisée, je mourrai en bonne chrétienne..... J'aime Dieu, je le sers, je suis bonne chrétienne, je voudrais aider et soutenir la Sainte Eglise de tout mon pouvoir.

La deuxième monition charitable fut fixée au mercredi 2 mai, comme nous l'avons déjà vu. Soixante-sept assesseurs se réunirent dans la salle des Parements. Cauchon ayant constaté le refus de soumission de l'accusée. Jean de Châtillon, archidiacre d'Evreux, lui fit une exhortation et lui exposa, sous une forme oratoire, le contenu des 12 articles sans lui en lire le texte. Puis il lui expliqua de nouveau, très succinctement toutefois, ce que c'est que l'Eglise militante, et l'invita à s'y soumettre.

— Je crois bien à l'Église d'ici-bas, assura la jeune fille, mais pour mes paroles et mes actions, ainsi que je l'ai déclaré déjà, je m'en rapporte et m'en réfère à Dieu.

Cette réponse ne peut trouver son explication que dans les conseils de Loyseleur lui affirmant qu'elle ne peut se soumettre à l'Eglise sans reconnaître par là même l'autorité du tribunal de Cauchon. La naïve et simple enfant n'échappe point alors aux pièges qui lui sont tendus parce qu'elle n'est pas éclairée sur la portée du langage de ses juges, et surtout parce que des hommes perfides l'égarent par leurs mensonges et leurs fourberies. Du reste, sa bonne foi nous est surabondamment prouvée, puisque à deux reprises elle demandera à être conduite devant le Souverain Pontife affirmant qu'elle lui répondra volontiers.

Jean de Châtillon lui pose encore cette question :

— Pourquoi vous en rapportez-vous toujours à Dieu?

— Parce que mes révélations, reprend-elle, viennent de Dieu sans autre intermédiaire parmi les hommes.

Jeanne avait toujours refusé de faire connaître aux Anglais les secrets concernant Charles VII. C'eût été une trahison que Jeanne ne pouvait commettre. Elle ne s'ouvrait pas davantage sur le « signe du roi », mot qui désignait les preuves miraculeuses de la mission donnée à Charles VII. Enfin quand on lui parle de la couronne de France, elle affecte le plus souvent de prendre ce terme au sens figuré.

Les juges, s'apercevant de ses réticences en profiteront pour lui tendre un nouveau piège.

— Au sujet du signe remis à votre roi, lui dit Jean de Châtillon, voulez-vous vous en rapporter à l'archevêque de Reims, au sire de Boussac, à Charles de Bourbon, au duc de la Trémoïlle et à La Hire, à qui ou à quelques-uns desquels vous avez dit que vous aviez autrefois montré la couronne, et qui étaient présents quand l'ange l'apporta au roi et la remit à l'archevêque? Ou bien voulez-vous vous en rapporter à quelques-uns de notre parti qui écriront sous leur sceau ce qui en est?

L'embûche était trop grossière pour qu'elle s'y laissât prendre; elle prévoyait en effet combien on pouvait facilement la tromper par une semblable entremise.

—Donnez-moi un messager, répondit Jeanne, et je lui écrirai au sujet de tout ce procès.

Toutefois, les ennemis de la Pucelle sont trop intelligents pour ne pas comprendre qu'un jour leurs procédés iniques, se retournant contre eux, couvriront de gloire leur victime ; ils n'épargneront donc rien pour lui arracher une rétractation ou du moins quelque chose qui ressemble à un démenti de ses premières affirmations. Le 9 mai, l'accusée fut conduite dans la grosse tour du château de Rouen où l'on avait disposé tous les instruments de torture. Le bourreau et ses aides étaient là, prêts à agir si elle ne voulait avouer qu'elle avait trompé ses juges. Jeanne, à ce spectacle, s'écria fièrement :

— Vraiment, si vous m'arrachiez les membres, me faisiez partir l'âme du corps, je ne vous dirais pas autre chose, et si je vous disais quelque chose, je vous répéterais toujours ensuite que vous me l'avez fait dire par force.

Devant tant d'énergie, on n'osa passer outre ; d'ailleurs, ce jour-là, la torture, dans l'intention des juges, était seulement une menace. Peu après, ils se réunirent pour décider si, oui ou non, il fallait appliquer à la prisonnière ce cruel traitement. Il n'y en eut que trois qui réclamèrent la torture, et, comble d'infamie, Loyscleur était du nombre de ces êtres inhumains.

Cependant, la délibération de l'Université de Paris arriva à Rouen ; supposant acquis les faits contenus dans les 12 articles, elle condamnait la Pucelle sur toute la ligne. On s'empressa d'assembler les assesseurs pour leur lire l'avis des célèbres docteurs ainsi que deux lettres de félicitations et d'encouragement écrites par l'Université au roi d'Angleterre et à Pierre Cauchon ; le corps doctoral les louait de leur zèle pour l'Eglise et leur demandait de ne plus tarder à faire bonne et prompte justice,

Les assesseurs conformèrent leurs délibérations à celles des maîtres parisiens, puis décidèrent que Jeanne serait encore une fois « charitablement avertie ».

Le mercredi 23 mai, Pierre Cauchon et Jean Lemaître, assistés de 9 assesseurs, firent comparaître la jeune fille. Sur l'ordre de l'évêque de Beauvais, Pierre Maurice, chanoine de Rouen, lui exposa les points sur lesquels l'Université la déclarait coupable et termina par une pathétique exhortation à s'en rapporter au jugement de l'Eglise et à sa décision sur ces points.

— Pour ce qui concerne mes paroles et mes actions, déclara l'accusée, je m'en rapporte à ce qui a été dit au procès.

Pierre Cauchon reprit :

— Pensez-vous donc n'être pas tenue de soumettre vos paroles et vos actions à l'Eglise militante ? Croyez-vous n'être justiciable que de Dieu seul ?

— Je veux maintenir là-dessus la manière de parler que j'ai toujours eue au cours de ce procès, répondit la Pucelle..... Si j'étais en jugement, si je voyais le feu allumé, les bourrées préparées et le bourreau prêt à mettre le feu, et si moi-même j'étais dans le feu, je ne dirais pas autre chose et je soutiendrais jusqu'à la mort tout ce que j'ai dit au cours de ce procès.

Après avoir, suivant l'usage, demandé, tant à l'accusée qu'au promoteur, s'ils n'avaient rien à ajouter, les juges déclarèrent la cause entendue et remirent au lendemain leur sentence.

En conclusion, dans les réponses de la sainte héroïne rien n'avait été capable d'altérer, aux yeux des personnes de bien et même du peuple entier, l'éclat de sa droiture et de son innocence. Malgré la perfidie de ses juges, la trahison de son confident, la vue des instruments de torture et la menace du bûcher, Jeanne avait soutenu que ses révélations étaient vraies, elle avait maintenu que sa mission était divine. On pouvait bien la brûler, mais faire disparaître de son front l'auréole d'Envoyée de Dieu ou seulement essayer de l'obscurcir, c'était impossible !

Fallait-il donc que Cauchon s'avouât vaincu ? Le misérable avait-il reçu tant d'argent et fait preuve de tant de néfastes talents en pure perte ? Devait-il confesser aux Anglais que, maîtres d'assassiner la Pucelle, ils ne parviendraient pas à la déshonorer ?.....

C'est à l'heure où tous les préparatifs d'un crime semblent devoir échouer que les malfaiteurs se montrent plus audacieux et plus rusés. Tel l'évêque de Beauvais à la dernière période de sa lutte contre l'innocence. Il veut à tout prix faire rétracter à sa victime de prétendues erreurs, afin de faire douter de la sincérité de

la Pucelle et de son rôle providentiel. Pour cela
rien ne lui coûtera désormais, et la plus grossière fourberie lui paraîtra légitime. Jusqu'à
présent, s'il a supprimé des pièces au procès,
il n'en a pas substitué : aujourd'hui, il ne re-
culera point devant ce nouveau forfait. Il n'a
pas encore pris la responsabilité de promesses
mensongères, il va l'encourir sans hésiter. Un
mode de séduction lui reste : c'est de faire
briller aux yeux de la guerrière l'espoir de
reprendre les armes pour la France; c'est là
l'unique rêve de la captive, elle le dit assez
haut. Cauchon va faire jouer ce dernier ressort.

Enfin, s'entourant de toutes les chances de
réussite, l'évêque de Beauvais n'aura plus seulement la menace sur les lèvres, il placera près
de son tribunal un bourreau préparant la
torche incendiaire. En même temps, Loyseleur,
le faux directeur de la conscience si bouleversée
et si diversement agitée de la Pucelle, changera tout à coup de tactique, et, par une trahison
nouvelle, *déclarera coupable* une résistance
qu'il a jusqu'alors conseillée et encouragée.
Au nom de Dieu, il suppliera la jeune vierge de
sauver son âme en se soumettant au tribunal
de Rouen.

Tel est le programme de la scène de Saint-
Ouen, exploitée si souvent contre la mémoire
de Jeanne d'Arc.

CHAPITRE V

Les juges de Rouen ne s'étaient pas seulement proposé de faire mourir Jeanne d'Arc en la déshonorant; ce qu'ils voulaient surtout, c'était compromettre la cause de Charles VII, en démontrant qu'il avait donné sa confiance à une femme diffamée, sorcière et hérétique, et retourner contre lui l'argument que l'intervention providentielle suggérait aux âmes droites : « Dieu combat pour le roi de France ! »

Or, la Pucelle demeurait immuable dans l'affirmation de ses célestes révélations : il fallait à tout prix arracher des lèvres de cette jeune fille une parole semblant désavouer ce qu'elle avait jusqu'ici maintenu intrépidement.

Fallût-il mentir à l'univers entier, Cauchon et Winchester sont décidés à publier partout que le 24 mai 1431 l'héroïne a solennellement reconnu qu'elle avait été jusqu'à présent dans l'erreur. Si l'innocente victime proteste plus tard contre sa prétendue abjuration, elle sera

alors déclarée relapse et livrée au bourreau.
Afin d'atteindre leur but, les misérables ont
fait rédiger à l'avance deux formules d'abjuration, l'une explicite, l'autre anodine, et se
sont munis de la minute des deux jugements,
le premier livrant Jeanne au bras séculier, le
second l'admettant à la pénitence.

Dès le matin de ce jour, les moyens les plus
habiles sont multipliés pour égarer le jugement
de la Pucelle au sujet de la soumission à
l'Eglise; ses ennemis veulent à tout prix l'amener à confondre leur propre tribunal avec
l'Eglise enseignante, avec le Pape et le Concile
général. Le cimetière de Saint-Ouen, situé non
loin de l'abbaye de ce nom, était en 1431 une
vaste place close que visitait fréquemment le
peuple rouennais. Le jeudi 24 mai, de grands
préparatifs avaient été faits dans cette enceinte.
Deux estrades s'élevaient, l'une simple écha-
faud destiné à l'accusée, l'autre aux vastes
proportions et aux riches tentures sur laquelle
le cardinal d'Angleterre siégeait avec les juges.
De nombreux personnages ecclésiastiques les
assistaient.

Cependant, la porte du Vieux-Château s'ouvre
pour livrer passage à un chariot escorté de soldats anglais. Jeanne, revêtue de son costume
masculin, y a pris place; le long du chemin,
elle médite avec mélancolie un avertissement
de ses Voix : celles-ci la mettent en garde
contre elle-même et son entourage, lui prédisant qu'on cherchera à la tromper et qu'on y
arrivera.

A mesure que le cortège s'avance à travers

la ville, la foule devient plus compacte ; l'héroïne, qui, depuis un an, vivait retirée du commerce du monde, éprouve une étrange émotion ; elle devine dans les regards des curieux la sympathie qu'elle inspire.

Sur la place Saint-Ouen, le chariot ne peut percer cette multitude ; la prisonnière est obligée de descendre ainsi que ses gardes, on l'amène dans l'embrasure d'une des petites portes du cimetière. Loyseleur approche alors de celle dont il guettait la venue pour commencer une odieuse mise en scène. La douce enfant, croyant toujours au dévouement du traître, est heureuse de cette rencontre, mais bientôt le trouble l'envahit : c'est que d'une voix avenante son interlocuteur vient de lui dire :

— Jeanne, croyez-moi ; si vous le voulez, vous allez être sauvée ; reprenez votre habit de femme et faites tout ce qui vous sera ordonné, autrement vous serez en péril de mort. Mais si vous exécutez ce que je vous propose, vous serez saine et sauve, vous n'éprouverez aucun mal, au contraire vous aurez beaucoup de bien. Vous serez remise à l'Eglise.

Etre remise à l'Eglise, c'est-à-dire passer enfin de la cruelle société des houspailleurs dans une prison ecclésiastique, gardée par des femmes, c'était précisément ce que Jeanne demandait en vain depuis cinq mois... Serait-il possible qu'une telle faveur lui fût accordée?

La Pucelle n'eut guère le temps de prolonger sa conversation avec Loyseleur. Bientôt on la fit monter sur la petite estrade élevée en face de celle des magistrats. Aux abords immédiats de cette estrade on reconnaissait maints personnages officiels mêlés au procès pour la plupart. Jeanne s'assit, ignorant encore ce que l'on prétendait au juste obtenir d'elle, tandis que Guillaume Erard commençait un sermon sur ce texte de l'Evangile de saint Jean : « Le sarment ne saurait de lui-même porter du fruit s'il ne demeure attaché à la vigne. » Développant alors sa comparaison, il montra comment l'accusée s'était séparée de la vraie vigne, l'Eglise, par ses erreurs et ses scandales; puis il s'efforça de discréditer Charles VII devant le peuple de Rouen et de troubler la Pucelle en lui donnant l'impression que son rôle dans la guerre avait été nuisible à sa patrie :

— O France, tu es bien abusée! s'écria-t-il. Tu as toujours été la nation très chrétienne, et Charles qui se dit ton roi a adhéré, comme un hérétique et un schismatique qu'il est, aux paroles et aux faits d'une femme vaine, diffamée et déshonorée. Et non pas lui seulement, mais tout le clergé de son obéissance par lequel elle a été examinée et non reprise comme elle l'a dit.

A ces injures contre sa patrie et son prince, l'ardente guerrière frémissait, mais se contenait pourtant, quand l'orateur, l'interpellant du geste, reprit :

— C'est à toi, Jeanne, que je parle; c'est à toi que je dis que ton roi est hérétique et schismatique.

C'en était trop, la Libératrice ne pouvait plus tarder à défendre son souverain, et d'ailleurs elle entendit de ses Voix un ordre soudain :

— Réponds, disaient-elles.
Elle obéit.

— Par ma foi, sire, révérence gardée, je vous ose bien dire et jurer sur peine de ma vie, que c'est le plus noble chrétien de tous les chrétiens, et que nul mieux que lui n'aime la foi et l'Evangile. Il n'est donc point tel que vous dites !

A son tour le prédicateur fut embarrassé, et ne sachant que répliquer :

— Faites-la taire, commanda-t-il à Massieu.

Mais citons le procès-verbal officiel. Quoique rédigé pour sa perte, il nous montre au contraire les sentiments orthodoxes et la sagesse de l'héroïne.

..... En terminant, le prédicateur Guillaume Erard a parlé à Jeanne en ces termes :

MAÎTRE ERARD. — Voici Messeigneurs les juges, qui, à plusieurs reprises, vous ont sommée et requise de vouloir bien soumettre toutes vos paroles, vos actions à Notre Mère la Sainte Eglise, en vous montrant qu'il existe dans vos paroles et dans vos actes beaucoup de choses qui, ainsi qu'il a paru aux clercs, ne sont bonnes ni à dire ni à soutenir.

JEANNE. — Je vais vous répondre..... Pour ce qui est de ma soumission à l'Eglise, j'ai demandé que tout ce que j'ai dit ou fait soit envoyé à Rome vers Notre Saint-Père le Pape, auquel après Dieu je m'en rapporte..... Mes paroles et mes actes, je les ai faits et dits sur l'ordre de Dieu..... Je n'en rends personne responsable, ni mon roi ni aucun autre... S'il s'y trouve quelques fautes, c'est à moi qu'il faut s'en prendre et non à d'autres.

MAÎTRE ERARD. — Voulez-vous rétracter tous vos discours et tous vos actes qui sont désapprouvés par les clercs?

JEANNE. — Je m'en rapporte à Dieu et à Notre Saint-Père le Pape.

PIERRE CAUCHON. — Cette réponse ne suffit pas; on ne peut aller chercher Notre Saint-Père si loin; les Ordinaires sont juges chacun en leur diocèse; il faut donc vous en rapporter à Notre Sainte Mère l'Eglise et tenir pour vrai ce que les clercs et autres gens compétents ont dit et décidé au sujet de vos paroles et de vos actions.....

Trois fois de suite l'accusée reçut cette admonestation, mais ne voulut pas faire d'autre réponse.

En se soumettant publiquement au Pape et à l'Eglise, la Pucelle avait consciencieusement accompli son devoir de chrétienne; néanmoins, l'infâme Cauchon, passant outre à un appel qui lui enlevait tout pouvoir (si jamais il en eut) de s'occuper de cette affaire, déclara qu'il allait prononcer la sentence de condamnation. Un mouvement de terreur glaça d'épouvante le peuple qui couvrait la place; les supplications s'élevèrent de toutes parts :

— Jeanne, faites ce que l'on vous conseille! clamaient ces braves gens. Voulez-vous donc votre mort?

A ce moment, Erard exhiba une formule longue à peu près comme un *Pater noster* : c'était un engagement de se soumettre à l'Eglise, de reprendre l'habit de femme, de ne plus porter les cheveux coupés en rond, enfin de ne plus s'armer; moyennant quoi la captive serait placée dans les prisons ecclésiastiques.

Après lecture de ce factum, le prêtre ajouta :

— Voilà maintenant ce qu'il faut abjurer et révoquer.

Cependant les cris s'entre-croisaient et la

Pucelle ne devait guère entendre ; en tout cas, elle ne saisissait pas ce qu'on réclamait d'elle.

— Qu'est-ce qu'abjurer? demanda-t-elle. Je ne comprends pas ce mot. Qu'on me donne un conseil !

— Conseillez-la ! ordonna Erard à Massieu.

Ce dernier s'excusa d'abord, mais n'osant résister davantage il dit :

— Si vous allez à l'encontre de ce qui vient de vous être lu, vous serez brûlée : je vous conseille donc de vous en rapporter à l'Eglise universelle sur la question de savoir si vous devez ou non abjurer ces articles.

Aussitôt, l'accusée s'adressant à Erard :

— Je m'en rapporte à l'Eglise universelle, pour savoir si je dois les abjurer ou non.

— Tu les abjureras présentement, reprit son interlocuteur furieux, ou tu seras brûlée.

Et sa main, d'un geste, montrait, stationnant près de là, une charrette dans laquelle se tenait le bourreau, prêt à emmener la victime. Ce spectacle, ménagé à dessein, fut pour Jeanne toute une révélation ; elle comprit qu'on allait la mettre cruellement à mort et, prise à l'improviste, elle eut peur.

Avoir peur de la mort est un sentiment inné de notre nature humaine, Notre-Seigneur lui-même voulut l'éprouver. La pensée de mourir à dix-neuf ans pouvait faire trembler l'héroïne sans qu'on puisse lui reprocher de manquer de courage ; d'ailleurs, elle ne se croyait pas le droit de risquer sa vie sans profit pour la France.

Dès qu'il eut compris que le coup avait porté, Erard changea de ton :

— Jeanne, reprit-il, nous avons grandement pitié de vous; mais il faut que vous révoquiez ce que vous avez dit, ou que nous vous livrions à la justice séculière!

— Je n'ai rien fait de mal, répondit-elle, je crois aux douze articles de notre foi, aux dix commandements de Dieu. Je m'en remets à la cour de Rome et je veux donner croyance à tout ce que l'Eglise enseigne,

L'évêque de Beauvais, qui ne perdait rien de cette scène, commença alors lentement la lecture de la sentence dont les seuls termes dénotent une telle hypocrisie, que l'on reste écœuré devant une aussi sacrilège audace.

Si le texte n'avait pas été lu en langue latine, Jeanne aurait pu accuser Cauchon de mensonge notamment quand il osa lui dire : « Tu as expressément et à diverses reprises refusé de te soumettre à Notre Saint-Père le Pape et au saint Concile général. »

Cependant Loyseleur la pressait vivement de suivre ses conseils. Plusieurs insistant avec lui :

— Vous vous donnez beaucoup de peine pour me séduire, eut encore la force de répondre l'héroïne.

La voyant prête à tourner au gré de leurs désirs, ses interlocuteurs entrèrent dans la voie des promesses; si elle consent à abandonner son costume, répètent-ils, elle sera remise aux mains de l'Eglise, elle aura une femme pour gardienne, elle ira à la Messe, recevra la Sainte Communion et ne portera plus de lourdes chaînes. Jeanne est de plus en plus stupéfaite ! Tant de concessions lui seront donc accordées? Et pourtant elle demeure sur ses gardes; si on allait la tromper ainsi que ses Saintes le lui ont annoncé? La plus cruelle incertitude est sur ses traits.

— Si vous consentez, lui souffle Erard, vous sortirez de prison et recouvrerez la liberté.

Devant cette nouvelle promesse qui la rendait au service de la France, la Pucelle ne pouvait plus hésiter. Elle traça une croix sur la petite cédule qui lui avait été lue en disant à Massieu:

— Il vaut mieux signer cela que d'être brûlée!

La lecture de la sentence touchait à sa fin quand on avertit les prélats de la grande estrade que l'accusée s'était soumise. Au même instant elle déclarait :

SIGNATURE DE JEANNE D'ARC

Jeanne ne savait ni A ni B à son départ de Domremy; mais elle apprit à tracer son nom durant sa présence à la tête de l'armée.

— Je n'entends rien révoquer que ce qui plaira à Notre-Seigneur.

Cette parole ne fut pas relevée. Bientôt, joignant les mains en face des juges, elle s'écria à haute voix :

— Je me soumets au jugement de l'Eglise et je prie saint Michel de me diriger et de me conseiller.

Beaucoup se réjouissaient de cette soumission qui devait l'arracher au supplice du feu.

Laurent Calot, secrétaire d'Henri VI, tira alors de sa manche une feuille de papier couverte d'une longue formule d'abjuration dans laquelle Jeanne était supposée renoncer à ses révélations et à tout ce qu'elle avait affirmé pendant sa vie et durant son procès. Il avait reçu mission de la substituer à celle dont la jeune fille avait entendu la lecture. Gravissant rapidement la petite estrade, et comme s'il se fût agi d'une simple formalité, il présenta le document à la signature de l'accusée qui déclara ne pas savoir écrire; pourtant, sur les instances du secrétaire, elle dessina en souriant un rond sur la cédule. Calot, trouvant que cela ne suffisait pas, lui tint la main et lui fit tracer son nom suivi d'une croix.

Pendant ce temps, Cauchon regardait, semblant hésiter. Il jouait bien son rôle, car cette interruption dans la lecture de la sentence fut considérée par les Anglais et les ennemis de l'héroïne comme un acte de faiblesse et un témoignage de faveur envers elle. De violents murmures éclatèrent, et tandis que des pierres étaient lancées contre les deux estrades, un des chapelains du cardinal adressait à l'évêque de vifs reproches, l'appelant traître et complice de Jeanne. Le fourbe prélat s'emporta à son tour :

— Vous en avez menti, s'écria-t-il, car dans une telle cause je ne veux favoriser personne; mais c'est le devoir du juge ecclésiastique de chercher à sauver l'âme et le corps de l'accusé; vous m'avez injurié, je ne passerai pas outre que vous ne m'en ayez fait réparation.

Dans sa fureur, il jeta le procès à terre. Le cardinal intervint pour réprimander le chapelain et lui imposer silence.

Cependant, un grand tumulte se produisit; les Anglais, gardes ou autres, entendant répéter que la prisonnière consentait à se soumettre et la voyant en même temps sourire, vociféraient :

— L'infâme, elle trompe le tribunal pour échapper à la mort; regardez comme elle rit! Juges, vous ne voyez donc pas que la coupable se joue de vous et que son abjuration n'est qu'une moquerie?

Ce disant, ils continuaient à lancer des pierres; néanmoins, le calme fut assez vite rétabli, et Cauchon dit au cardinal :

— Elle a abjuré, que faut-il faire?

— L'admettre à la pénitence, répondit imperturbablement Winchester.

La colère des Anglais fournit à Loyseleur l'occasion de féliciter la pauvre enfant :

— Jeanne, déclara-t-il, vous avez fait une bonne journée. S'il plaît à Dieu, vous avez sauvé votre âme.

La scène avait assez duré. Pour y mettre fin, Cauchon lut le second jugement qu'il avait préparé et dans lequel il condamnait la Libératrice à la prison perpétuelle, « au pain de douleur et à l'eau d'angoisse. »

A peine cette lecture était-elle achevée, que Jeanne, s'adressant aux officiers ecclésiastiques qui l'entouraient, cria joyeusement :

— Or ça, gens d'Eglise, conduisez-moi dans vos prisons, que je ne sois plus en la main de ces Anglais!

Mais l'évêque dit aux gardes :

— Menez-la où vous l'avez prise.

Les geôliers obéirent et reconduisirent, en la brutalisant, leur captive au Vieux-Château C'était une première trahison.

Les soldats anglais manifestaient hautement leur rage; la sorcière avait donc la vie sauve; or, tant qu'elle vivrait, ils se croiraient toujours vaincus d'avance. Comme Cauchon rentrait chez lui, les hommes de son escorte le menacèrent de leurs lances. Quant à Warwick, ignorant ce qui s'était tramé dans l'ombre pour la perte de Jeanne, il murmura :

— Cela va mal pour le roi, cette fille nous échappe.

— Soyez tranquille, nous la rattraperons bien, lui souffla un assesseur au courant du complot.

Le simple récit de la scène de Saint-Ouen permet au lecteur de se convaincre que, si Jeanne a été indignement trompée, elle n'a jamais entendu révoquer ses Voix et sa mission. Sous l'écrasement d'un légitime effroi et sous la séduction de promesses mensongères, elle a fait, il est vrai, une concession, grâce à laquelle elle espérait retourner sur les champs de bataille. Cet acte ne diminue en rien l'héroïne; il nous montre en elle une patriote prête à tout supporter pour recommencer la lutte contre l'envahisseur; c'est aussi une jeune fille bien simple, facile à induire en erreur.

Si la Pucelle est restée grande, même à Saint-Ouen, en revanche la politique anglaise et le juge infâme s'y sont à jamais déshonorés en trompant lâchement une pauvre prisonnière qui n'avait pas vingt ans.

Maintenant les ennemis de Jeanne d'Arc vont dresser son bûcher. Aucun crime ne leur coûtera pour achever la perte de leur victime.

CHAPITRE VI

Au moment où la Pucelle, joyeuse à la pensée de recouvrer bientôt la liberté, quittait le cimetière de Saint-Ouen, on lui remit ostensiblement un costume de femme qu'elle emporta dans sa prison.

En se retrouvant dans son cachot sombre et froid, au Vieux-Château, malgré la promesse qu'on venait de lui faire, Jeanne sentit son âme envahie par l'angoisse. Elle songea toutefois que peut-être on attendait, pour la transférer dans les geôles ecclésiastiques, la réalisation de son engagement et se tint prête à l'exécuter. Or, elle était depuis peu de temps dans sa cellule, quand Jean Lemaître entra, suivi de Nicolas Midi, Nicolas Loyseleur, Thomas de Courcelles, Isambard de la Pierre et quelques autres pour l'engager à exécuter les promesses faites aux juges qui s'étaient montrés si miséricordieux pour elle.

La prisonnière obéit: on lui rasa la tête et elle mit le costume qu'on lui avait donné. La voilà donc dépouillée de sa chevelure et revêtue d'une robe de femme. En échange de ce double sacrifice, les portes de son cachot, pense-t-elle du moins, lui seront bientôt ouvertes. Douloureuse et vaine attente, nul ne paraît! Elle a changé d'habit, les fers restent néanmoins rivés à ses membres, et les cinq houspailleurs sont toujours là, répétant leurs jurons et leurs sarcasmes.

Jeanne a donc été trompée, comme ses Voix le lui avaient prédit. Combien furent amères les larmes de cette première nuit! Les Saintes, en revenant vers leur protégée, ne purent dans leur compatissante bonté que prodiguer des consolations à la victime d'une si grande infortune.

La Pucelle prit patience, et, malgré la mauvaise foi dont on avait usé envers elle, se décida à garder fermement la parole donnée au sujet de l'habit féminin. Cela contrariait le plan haineux de ses adversaires qui voulaient la déclarer relapse en l'amenant à changer de nouveau de costume. En vain Warwick avait-il ordonné de mettre l'habit d'homme dans un sac à la disposition de la captive, espérant qu'elle le reprendrait d'elle-même; en vain avait-il accordé toute licence à ses geôliers pour la frapper et l'outrager, leur faisant entendre le but à atteindre, Jeanne demeurait inébranlable.

L'aube du dimanche venait d'apparaître. Désireuse de se lever et consolée sans doute à la pensée d'assister enfin à la Messe, selon l'assurance qui lui en avait été donnée, la prisonnière demanda aux gardes d'ôter les entraves de ses pieds. Chose étrange, en même temps qu'ils condescendent à sa prière, ils retiennent en leur possession le costume féminin et vident sur le lit le sac qui contient les habits d'homme quittés trois jours auparavant; ce faisant, ils lui disent:

— Lève-toi.

Surprise et mécontente, la Pucelle repousse le vêtement:

— Messieurs, déclare-t-elle, vous savez bien que cet habit m'est défendu, certainement je ne le prendrai point.

Devant un impitoyable refus, elle demeura étendue sur sa couchette; mais, vers midi, la nature réclamant ses droits, elle quitta son lit et se couvrit, en protestant, du costume masculin. De retour en son cachot, elle ne put obtenir malgré ses ardentes supplications qu'on lui restituât la robe imposée par les juges.

Est-il possible que ces valets dont la vie était à la merci de Warwick aient accompli, de leur propre autorité, un acte de cette importance? Cela semble inadmissible. D'ailleurs, la preuve que cette manœuvre était préparée avec la connivence d'affidés acharnés à la perte de Jeanne, c'est que l'événement était, une heure plus tard, connu de tout Rouen.

Or, à ce moment se produisit un incident qui s'expliquerait difficilement dans l'hypothèse où la captive aurait repris librement l'habit d'homme.

L'évêque de Beauvais, officiellement prévenu

du fait (provoqué sans doute avec son consentement), envoya plusieurs assesseurs vérifier ce qui s'était passé. Comme ils attendaient pour être introduits au château, l'un d'eux, André Marguerie, fit cette remarque consciencieuse :

— Ce n'est pas assez de constater la reprise de l'habit d'homme, il faut avant tout connaître pour quel motif la Pucelle s'en est revêtue de nouveau.

Ce propos suffit à enflammer la colère des Anglais qui repoussèrent violemment les officiers de justice. Un des soldats leva même sa hache sur la tête de Marguerie.

Que se passait-il donc? Warwick n'avait-il plus la puissance de se faire obéir? Erreur ! On s'était simplement aperçu que Marguerie avait raison : l'accusée allait, sûrement, protester devant ses juges de la contrainte qui lui avait été faite; et comme la vérification d'un fait ainsi expliqué ne pourrait entraîner rien de fâcheux pour elle, il fallait aller plus loin encore et la mettre dans la nécessité d'accepter de son plein gré le costume masculin, sans qu'il lui fût loisible de dévoiler ouvertement les motifs qui la poussaient à cette extrémité.

Nous avons déjà dit que la fin de ce drame ne fut qu'un infâme brigandage, jugeons-en plutôt! On savait que la vierge très pudique avait revêtu jadis l'habit d'homme pour préserver sa vertu des dangers qu'elle aurait courus au milieu des guerriers. Qu'on lui montre donc que son cachot offre autant de périls qu'un campement militaire, et d'elle-même elle reviendra à son premier vêtement. Ce fut Warwick qui, personnellement ou par un lord anglais de ses intimes, accomplit ce forfait. Aller de nuit trouver la pauvre fille enchaînée dans son lit, la molester, la menacer de pire encore ; en un mot lui faire bien comprendre que le costume masculin pourrait seul sauvegarder sa virginité, voilà l'attentat abominable qui se perpétra dans la nuit du dimanche au lundi.

Le devoir de Jeanne était désormais tracé : plutôt subir les supplices et la mort que de renoncer à défendre sa vertu. D'ailleurs, dans cette extrémité, elle poussa un cri vers ses Voix, et sa ligne de conduite lui fut nettement indiquée :

— Elle s'était donc laissée tromper et c'était grande pitié. Ses ennemis avaient interprété la renonciation à l'habit d'homme comme une trahison manifeste de la cause que Dieu lui avait confiée. Plus d'hésitation possible ; cette démarche dût-elle lui coûter la vie, la Pucelle devait profiter de l'occasion et déclarer que jamais elle n'avait entendu révoquer son rôle d'Envoyée du Ciel. En conséquence, il fallait qu'elle conservât définitivement l'habit d'homme qui demeurait le signe extérieur de sa vocation militaire en faveur de la France !

C'était par là même refermer pour toujours les portes de sa prison sur elle, c'était probablement la mort..... On n'accomplit pas un tel sacrifice sans que la nature se révolte ; aussi, le lendemain matin, Isambard de la Pierre trouva-t-il la jeune fille, les traits décomposés, le visage tout en larmes, et se plaignant vivement des outrages qu'elle avait subis aussi longtemps qu'elle avait conservé la robe de femme. Un autre Dominicain, Martin Ladvenu, l'entendit déclarer qu'un lord ainsi que plusieurs de ses gardiens avaient voulu lui faire violence; c'est pourquoi elle ne porterait plus en prison l'habit de son sexe.

Jeanne tint-elle semblable langage devant Cauchon? Le récit que nous venons de donner fut-il à dessein supprimé du compte rendu de l'interrogatoire secret qu'elle subit alors, ou bien par la menace d'un sort plus épouvantable encore parvint-on à clore les lèvres de l'infortunée? Nous ne savons, mais il faut constater que le procès-verbal de la visite de l'évêque de Beauvais à Jeanne est muet sur ce point.

Le lundi 28 mai, l'inique juge de la Pucelle, en compagnie de sept assesseurs, se rendit dans la prison. Citons encore ici le compte rendu officiel en faisant remarquer qu'il est certainement altéré dans le but de charger l'accusée :

Pierre Cauchon. — Pourquoi avez-vous repris l'habit d'homme et qui vous l'a fait prendre?

Jeanne. — Je l'ai pris de moi-même et sans nulle contrainte : j'aime mieux un habit d'homme qu'un habit de femme.

Pierre Cauchon. — Mais vous avez promis de ne pas reprendre un habit d'homme.

Jeanne. — Je n'ai jamais entendu faire serment de ne point le reprendre.

Pierre Cauchon. — Pourquoi l'avez-vous repris?

Jeanne. — Parce qu'il est plus convenable pour moi de reprendre et de porter un habit d'homme

étant avec des hommes que d'avoir un habit de
femme..... Je l'ai repris parce qu'on n'a point tenu
la promesse que l'on m'avait faite de me permettre
d'aller à la Messe et de recevoir mon Sauveur et
de me mettre hors des fers.

PIERRE CAUCHON. — N'avez-vous point abjuré et
promis de ne plus reprendre cet habit?

JEANNE. — J'aime mieux mourir que d'être aux
fers! Mais si on veut me laisser aller à la Messe,
ôter mes fers, me donner une prison moins rigou-
reuse et une femme pour compagne, je serai bonne
et ferai ce que l'Eglise voudra.

L'évêque de Beauvais, voulant confondre
l'accusée, lui parle alors de ses Voix.

— Je n'ai point dit ou entendu rétracter
mes apparitions, répond-elle avec fermeté,
c'est-à-dire les visites de sainte Catherine et de
sainte Marguerite; tout ce que j'ai fait, je l'ai
fait par crainte du feu; je n'ai rien rétracté
que ce ne soit contre la vérité..... J'aime mieux
faire ma pénitence en une fois, c'est-à-dire
mourir, qu'endurer plus longuement le supplice
de la prison..... Je n'ai jamais rien fait contre
Dieu ou la foi, malgré tout ce qu'on m'a fait
révoquer..... Ce qui était en la cédule de l'abjuration, je ne le comprenais pas..... Je n'ai
alors eu l'intention de rétracter qu'autant que
ce serait le bon plaisir de Notre-Seigneur.....
Si les juges le veulent, je reprendrai un habit
de femme : pour le reste, je ne ferai rien autre
chose.

La dernière machination de l'évêque de
Beauvais pour la perte de Jeanne vient donc
d'aboutir, puisque celle-ci se déclare fidèle à
ses Voix. Afin que la postérité ne puisse s'y

JEANNE D'ARC LIÉE SUR LE BUCHER (Statue de CORDONNIER.)

tromper, on lit en marge du procès-verbal, à
l'endroit où l'héroïne dit qu'elle a revu ses
Saintes, que c'est pour cette affirmation même
qu'elle sera livrée à la mort.

Pierre Cauchon, d'ailleurs, prit soin de ne
nous laisser aucun doute sur les auteurs du
crime qui allait se commettre. A la sortie du
cachot, ayant rencontré Warwick entouré d'une
cour d'Anglais, le misérable éclata de rire et
leur cria à haute voix :

— Tout va bien, tout va bien; c'est fini, vous
pouvez vous réjouir!

Puis il ajouta d'autres paroles du même
genre. Jamais complices n'ont livré plus clairement le secret de leurs ignobles intrigues.

Pour en finir, le juge ayant réuni le promoteur et quarante-cinq assesseurs, leur fit donner
lecture de l'interrogatoire de la veille et de
la formule substituée de l'abjuration de Saint-
Ouen. Le tribunal enregistra donc en cette
séance une pièce fausse ainsi qu'une autre
altérée : puis on demanda l'avis de tous sur
cet exposé mensonger.

L'abbé de Fécamp fit alors au juge cette
réponse :

— Jeanne est relapse, cependant il est bon
que la cédule qui vient de nous être communiquée soit lue et expliquée de nouveau devant
elle, en lui rappelant une dernière fois la parole de Dieu; on devra alors la déclarer hérétique et l'abandonner à la justice séculière en
priant celle-ci d'agir avec miséricorde envers
l'accusée.

La presque unanimité des assesseurs accepta

ces conclusions. Elles sont cruelles parce
qu'elles livrent au bourreau l'innocente jeune
fille, toutefois une chance de salut lui est ainsi
offerte ; en effet, si on relit la cédule d'abjuration à la prisonnière, elle pourra déclarer que
jamais elle n'a entendu ce texte, mais, précisément parce que la supercherie court risque
d'être découverte, Cauchon ne fera pas relire
la fausse cédule, car il veut à tout prix la mort
de sa victime.

L'évêque rédigea au sortir de la séance un
mandement fixant au lendemain le dernier
acte de cette tragédie.

CHAPITRE VII

Le dernier jour de Jeanne s'est levé.

Dès l'aube du 30 mai 1431, chacun s'agite
à Rouen.

Les juges iniques qui vont achever leur
œuvre ont toutefois pris souci de l'âme de
la captive. Deux Dominicains sont envoyés à la
Pucelle; l'un d'eux, Martin Ladvenu, avec le
ton grave d'un prêtre qui accomplit la plus
pénible des missions sacerdotales, commence
à lui parler de la mort, à lui faire prévoir sa
condamnation comme très prochaine, à l'exhor-
ter à la contrition et à la pénitence.

Après une confession des plus édifiantes, la
captive interrogea les religieux sur le genre de
supplice que lui préparait l'injustice humaine.
Lorsqu'elle apprit qu'elle devait périr par le
feu, son héroïque énergie faiblit un instant:
elle ne s'attendait pas à un tel excès de barbarie. Instinctivement, ses mains labourèrent
sa pauvre tête rasée et une douloureuse lamen-
tation sortit de son cœur oppressé.

— Hélas ! quel traitement horrible et cruel

on me fait subir! Ce corps que j'ai gardé contre toute souillure, que j'ai conservé entièrement pur, faut-il qu'aujourd'hui même il soit consumé et réduit en cendres! Ah! oui, j'aimerais mieux être décapitée sept fois que d'être ainsi brûlée!

Puis, faisant un retour sur le passé, elle continua :

— Ah! si l'on m'eût conduite dans les prisons ecclésiastiques auxquelles je m'étais volontairement soumise; si j'eusse été gardée par des gens d'Eglise et non par mes adversaires et mes ennemis, ce triste sort n'aurait pas été le mien! J'en appelle devant Dieu le souverain Juge des grands maux et des injustices dont on m'accable.

La plainte ardente qui s'échappait de ses lèvres provoquait chez ses auditeurs une émotion poignante.....

Tout à coup Cauchon entra; il venait épier l'agonie de sa victime, espérant recueillir un semblant de désaveu! Dès que l'héroïne eut aperçu son juge, elle se redressa, ses larmes se séchèrent et le regardant fixement :

— Evêque, je meurs par vous! s'écria-t-elle.

Le choc dut être rude, même pour cet homme sans entrailles; néanmoins, de son ton mielleux il commença bientôt une exhortation :

— Ah! Jeanne, prenez en patience ce qui vous arrive. Vous mourez parce que vous n'avez pas tenu ce que vous aviez promis et que vous êtes retournée à votre premier maléfice.

— Hélas! si vous m'eussiez mise aux prisons du tribunal ecclésiastique où j'aurais trouvé des gardiens compétents et convenables, ce que vous dites ne serait pas arrivé! C'est pourquoi j'en appelle à Dieu de votre jugement.

L'évêque et quelques-uns de ses complices lui posèrent alors plusieurs questions captieuses auxquelles elle eut la condescendance de répondre. Aucun procès-verbal de cet entretien ne fut rédigé séance tenante et Cauchon, qui n'avait pas obtenu le résultat désiré, se retira avec ses assesseurs.

Pierre Maurice sortit le dernier. Comme récemment il avait témoigné de la sympathie à Jeanne, celle-ci l'interpella :

— Maître Pierre, où serai-je ce soir?

— N'avez-vous donc pas bonne espérance en Dieu? répondit le docteur.

— Oh! si, reprit-elle, et avec l'aide de Dieu, ce soir je serai en paradis!

Restée seule avec Fr. Martin, la Pucelle lui confia son ardent désir..... Depuis six mois elle était privée de la Sainte Communion; lui refusera-t-on encore son Jésus à l'instant où elle va mourir?

Le Dominicain n'eut point de peine à comprendre un vœu si légitime; il y eût déféré sans hésitation dans tout autre cas, mais cette femme qu'on allait excommunier comme relapse, livrer au bras séculier avec le qualificatif d'hérétique obstinée, avait-on le droit de l'admettre à la table sainte? L'évêque de Beauvais seul pouvait trancher la question et définir ainsi le sérieux de la sentence qu'il s'apprêtait à prononcer.....

Massieu pénétrait à ce moment dans le cachot pour lire à la jeune fille l'assignation qui la convoquait sur la place du Vieux-Marché; Ladvenu en profita pour le dépêcher à Cauchon; celui-ci réunit quelques assesseurs et, sans plus délibérer, répondit :

— Oui, dis au Fr. Martin qu'il lui donne la communion et tout ce qu'elle demandera.

Curieux schisme, pensera-t-on, et singulière hérésie qui n'empêchent pas de participer aux sacrements de l'Église! Ou plutôt, juge inique qui sait parfaitement que son arrêt va frapper une innocente!

Massieu étant revenu avec l'autorisation demandée, Ladvenu le pria de faire apporter le saint Viatique, tandis que la Pucelle se préparait à la divine visite en faisant au religieux une deuxième confession.

Peu après, la porte de la prison s'ouvrit; mystérieusement un prêtre parut, dissimulant dans un corporal une hostie consacrée. On veut, en effet, cacher aux yeux de tous cette concession qui, à elle seule, établirait l'innocence de l'accusée. Martin Ladvenu s'indigna devant un tel procédé :

— Retournez, dit-il au prêtre, et revenez en accomplissant les cérémonies requises.

On obéit. Des clercs furent convoqués en hâte, un cortège se forma et, flambeaux en mains, les assistants s'avancèrent avec solennité à travers les cours et les couloirs du château, psalmodiant les litanies. A chaque invocation, ils répondaient :

— **Priez pour elle!**

C'est avec une dévotion admirable que Jeanne reçoit le corps du Christ; elle verse d'abondantes larmes en retrouvant Celui dont on l'a si longtemps privée. Dans l'élan de son cœur, elle dit naïvement à Jésus de douces et touchantes prières, elle appelle à l'aide la bienheureuse Vierge Marie et les saints! Cependant, la porte du cachot étant restée ouverte, plusieurs entendent le pieux colloque, tous se sentent émus et pleurent; des yeux même de Nicolas Loyseleur les larmes jaillissent.

Le temps s'écoulait. L'héroïne qui avait communié en habit d'homme, changea alors de costume et, revêtue d'une longue robe de femme, un chaperon sur la tête, descendit l'escalier de la tour, suivie de Martin Ladvenu et de Massieu. Au milieu de la cour, remplie d'une troupe de cent vingt soldats, attendait une charrette dans laquelle Jeanne et les deux prêtres montèrent. Loyseleur était là, lui aussi, bouleversé. Au moment où la jeune fille prenait place dans le véhicule, il n'y tint plus; étouffé par les sanglots, il s'élança vers elle en prononçant d'une voix étranglée ce mot:

— Pardon!

La soldatesque comprend et se dispose à faire un mauvais parti au prêtre indigne. Heureusement pour celui-ci, Warwick parvient à le défendre contre les coups des hommes d'armes et lui déclare que son intérêt est de disparaître au plus tôt. Loyseleur dut probablement se tenir caché durant quelques jours, après lesquels une nouvelle infamie lui rendit **la faveur de Cauchon et des Anglais.**

Le funèbre cortège se dirige vers le Vieux-Marché..... Jeanne prie et pleure tandis que de toutes parts les assistants la considèrent avec une douloureuse sympathie. De temps en temps, pour répondre sans doute à la pitié qui se lit sur les visages, elle élève la voix et s'écrie :

— Rouen, Rouen, mourrai-je ici?

Ou encore :

— Ah ! Rouen, Rouen, seras-tu ma maison dernière?

On arrive enfin au lieu du supplice. L'horrible scène qui allait se dérouler avait bien attiré dix mille personnes que huit cents Anglais en armes étaient chargés de contenir. De grands préparatifs avaient été faits dans le cimetière de l'église Saint-Sauveur. Tout contre ce sanctuaire était édifiée l'estrade des juges et des personnages de distinction; parmi eux, on remarquait le cardinal de Winchester, les évêques de Thérouanne et de Noyon.

A une légère distance, un ambon plus modeste était réservé au prédicateur et à la Pucelle; l'huissier Massieu et les deux Dominicains Martin Ladvenu et Isambard de la Pierre y prirent place également. Raoul le Boutellier, bailli de Rouen, son lieutenant et leur greffier étaient placés un peu en arrière sur une petite tribune. Plus loin, dans cette direction, se dressait un immense bûcher. Contrairement à l'usage, on avait construit une base de maçonnerie très élevée, et le poteau destiné à la victime émergeait du monceau de bois disposé sur ce piédestal : des milliers de témoins pourraient ainsi voir de leurs yeux le supplice de la vierge guerrière et constater que son corps serait bien réduit en cendres. Faisant face au bûcher, on avait placé un grand écriteau sur lequel se détachait en grosses lettres toute une liste des prétendus crimes reprochés à Jeanne.

Le sermon de Nicolas Midi fut le premier acte du lugubre drame; le prédicateur devait expliquer à l'accusée la sentence qui allait être prononcée contre elle; il prit pour texte cette parole de l'épître de saint Paul : « Si l'un des membres souffre, tous les membres souffrent avec lui. »

Répétant les calomnies que nous connaissons déjà, l'orateur termina par ces mots :

— Jeanne, vas en paix, l'Eglise ne peut plus te défendre, elle te laisse au bras séculier.

Aussitôt après, Cauchon se mit à lire la sentence de condamnation; il déclarait Jeanne relapse et hérétique et la livrait aux juges séculiers, priant toutefois ceux-ci, suivant la formule consacrée, d'adoucir leur jugement envers la captive « en deçà de la mort et de la mutilation des membres ».

On accorda ensuite à l'héroïne quelques instants de répit pour se préparer à entrer dans son éternité. La simplicité et le courage dont elle fit alors preuve fut pour la foule qui l'entourait la plus vraie et la plus émotionnante des prédications.

Tout d'abord elle s'agenouille et prie, s'adressant à haute voix aux trois personnes de la Sainte Trinité, à la bienheureuse Vierge Marie, aux saints et aux saintes du paradis, en particulier à ceux que sa dévotion a toujours fidèlement invoqués. Elle proteste de sa foi, cette fervente chrétienne qu'on traite d'hérétique, et demande humblement au Ciel d'oublier les fautes qu'elle a pu commettre au cours de sa vie.

Elle implore le pardon de Charles VII et déclarant que si quelque chose de mal a été accompli depuis sa venue parmi eux, elle seule s'en reconnaît coupable..... Voilà bien la victime expiatoire de la patrie, prête à payer la dette de la France à la majesté divine offensée!

A tous ceux qui sont présents, même à ses ennemis, même aux Anglais, Jeanne demande aussi pardon du mal qu'elle a pu leur faire. Puis elle se recommande aux prières de ceux qui l'entendent, et de chacun des prêtres elle sollicite une Messe pour le repos de son âme.

Les sanglots montent autour d'elle, plusieurs Anglais ne peuvent retenir leurs larmes et confessent que la main de Dieu est en tout cela. Winchester et Cauchon pleurent eux-mêmes.

Après avoir rempli son devoir envers tous, la courageuse vierge songea à prémunir son âme contre toute défaillance: Jésus, son divin Roi, avait expiré sur une croix, elle réclama une croix pour mourir. Un soldat en fit une de deux morceaux de bois et la lui remit. Jeanne la baisa avec amour et la glissa dans son corsage. Mais cela ne suffisait pas à son ardente dévotion: elle désira avoir un crucifix sur lequel elle pût contempler les traits du divin Rédempteur. Massieu put heureusement traverser la foule, et grâce à l'aide du clerc de l'église de

Saint-Sauveur, rapporter la croix des processions de cette paroisse; la Pucelle la saisit avec un ineffable bonheur et lui adressa une fervente prière.

Cependant les soldats anglais commençaient à s'impatienter; à part quelques exceptions déjà signalées, leur attitude demeurait provocante et grossière. Au milieu de l'attendrissement général, ces êtres inhumains ricanaient. La scène des suprêmes adieux se prolongeait depuis une demi-heure quand plusieurs soldats s'approchèrent de l'estrade pour crier à l'huissier :

— Hé! prêtre, nous ferez-vous donc dîner ici?

La Pucelle descendit alors avec les Dominicains, tandis que Massieu et les juges ecclésiastiques se retiraient.

La condamnée devenant à ce moment justiciable de la cour laïque aurait dû être traduite à la barre du bailli de Rouen pour le prononcé d'une nouvelle sentence. Raoul le Boutellier, qui se trouvait là, voulant sans doute se retirer avec la jeune fille, s'était contenté de dire aux gardes :

— Emmenez-là.

Mais une autre voix (celle de Warwick probablement) s'éleva du côté des Anglais, ordonnant au bourreau :

— Fais ton devoir !

Deux sergents s'emparèrent aussitôt de Jeanne et la poussèrent vers le bûcher; elle en gravit les degrés, escortée de Martin Ladvenu et d'Isambard de la Pierre. On a déjà vu comment était formé le funèbre édicule. Sa hauteur entraînait pour la victime de cruelles consé-quences. Tandis que, dans les cas ordinaires, l'exécuteur pouvait atteindre le supplicié **avec** le croc destiné à entretenir le brasier et **abréger** par un coup mortel porté au cœur l'épouvan-table torture, il lui était cette fois impossible de toucher la pauvre enfant, qui mourut vrai-ment étouffée par les flammes et brûlée vive. Ce raffinement de barbarie et la célébrité de la jeune condamnée augmentaient l'émotion de Geoffroy Thirache, le bourreau qui allait procéder à l'exécution : lui-même en fit l'aveu.

Arrivée au sommet du bûcher, Jeanne, jetant un long regard sur la ville obligée de s'unir à son martyre, poussa ce cri de commisération :

— Ah! Rouen, j'ai grand'peur que tu n'aies à souffrir de ma mort!

Des mains de la vierge chrétienne on retire le Christ qu'elle n'a cessé de baiser, puis bru-talement elle est attachée au poteau, tandis que son front est couvert d'une mître d'ignominie sur laquelle on lit : *Hérétique, relapse, apos-tate, idolâtre.*

— Non, non, je ne suis pas hérétique ni schismatique, déclare énergiquement la jeune fille, ainsi qu'on me l'impute, je suis une bonne chrétienne.

Et elle ajoute en s'adressant aux deux Do-minicains :

— Je vous en prie, dès que le feu sera allumé, tenez la croix devant mes yeux et continuez à me la montrer. Je vous le déclare encore une fois, **mes Voix** étaient de Dieu; j'ai fait par

SUPPLICE DE JEANNE D'ARC (Fresque de Lenepveu.)

l'ordre divin tout ce que j'ai fait de bien. Non, non, mes Voix ne m'ont point trompée, elles venaient vraiment du ciel.

Pendant ce temps, le bourreau a terminé les préparatifs; dans sa main brille la torche incendiaire destinée à embraser le bûcher. La Pucelle pense aux prêtres courageux qui, tout à leur ministère, semblent oublier le danger.

— Voici le feu, leur dit-elle, descendez, mais tenez la croix élevée devant mes yeux jusqu'au dernier instant!

Les étincelles jaillissent, une fumée intense enveloppe la victime, l'air se raréfie, les choses de la terre s'effacent.

— De l'eau bénite! implore Jeanne.

Puis, ne songeant plus qu'au divin Roi, dont elle est venue rappeler à la France l'autorité souveraine : « Jésus! » crie-t-elle plusieurs fois dans sa lente agonie, tandis que les flammes, au dire des témoins, semblent figurer les lettres du nom divin en traits de feu.

Un soldat anglais a juré de jeter du bois dans le bûcher; il ramasse des sarments et s'approche. A ce moment, la Pucelle lance avec une énergie stupéfiante un dernier appel à son bien-aimé :

— Jésus! crie-t-elle une fois encore.

Puis, inclinant doucement la tête, elle rend son âme à Dieu.

Au même instant, l'Anglais voit une blanche colombe s'envoler au milieu des flammes et monter au ciel; glacé d'effroi, il tombe évanoui.

La Vierge française a rejoint son céleste époux.

CHAPITRE VIII

CONSTATATION DE LA MORT — LE CŒUR DE JEANNE — « NOUS AVONS BRULÉ UNE SAINTE » — L'ANGLETERRE DÉFEND SON CRIME — SILENCE DE CHARLES VII — CHATIMENT DES MEURTRIERS DE JEANNE D'ARC

A peine Jeanne a-t-elle expiré, que le chef de la troupe anglaise prescrit au bourreau d'écarter les bois enflammés du brasier afin que les soldats de la garnison de Rouen défilent en face du bûcher. Il faut que ces braves puissent retremper leur courage devant le cadavre de l'héroïne qui les a vaincus et qu'ils ont martyrisée !

L'ordre est ensuite donné d'activer de nouveau le feu pour que rien ne reste de celle qui fut, pour sa patrie, l'instrument du salut. Durant longtemps l'œuvre de destruction se poursuit, tandis que les témoins du supplice commencent à exalter eux-mêmes la pauvre enfant qu'on a voulu déshonorer par une mort ignominieuse. C'est Jean Alépée, chanoine de Rouen, qui s'écrie à travers ses larmes :

— Plût à Dieu que mon âme soit où je crois qu'est l'âme de cette femme !

C'est Jean Tressart, secrétaire du roi Henri VI, qui, malgré ses fonctions officielles, n'hésite pas à dire :

— Il vient de mourir une chrétienne fidèle;

je crois son âme aux mains de Dieu, et je crois damnés tous ceux qui ont adhéré à sa condamnation.

— Nous sommes tous perdus, répétait-il plus tard à Pierre Cusquel, nous venons de brûler une sainte; pour moi, je crois son âme aux mains de Dieu. Les flammes déjà l'environnaient de toutes parts qu'elle invoquait encore le nom de Jésus.

C'est par-dessus tout la voix de la foule qui redit sans se lasser les vertus de la noble jeune fille.

Enfin Thirache, le bourreau, déclare achevée l'œuvre du feu. Tandis qu'il remue une dernière fois les cendres éteintes, il découvre, ô nouveau prodige! le cœur, encore saignant, de la vierge française. Attribuant ce fait extraordinaire à une combustion insuffisante, Geoffroy Thirache ranime le brasier, verse de l'huile pour activer sa puissance, y ajoute du souffre et du charbon : la flamme s'élève, guidée par sa main expérimentée. Cette deuxième crémation achevée, le bourreau, stupéfait, retrouve le cœur de Jeanne toujours intact et sanglant.

Convaincu qu'il est témoin d'un miracle évident, Geoffroy s'enfuit épouvanté et va rejoindre au couvent des Dominicains Martin Ladvenu et Isambard de la Pierre auxquels il déclare, en proie à une violente douleur :

— Jamais je n'obtiendrai le pardon de Dieu, car j'ai brûlé une sainte femme!

Puis, séance tenante, il se confesse.

Cependant, on consulte le pouvoir central. Que faire de ce cœur, que faire de ces cendres?

Le cardinal de Winchester envoie cet ordre barbare à ceux qui sont demeurés près du bûcher :

— Jetez tout cela à la Seine !

Et le 3o mai, vers 5 heures du soir, la foule accourue le long des rives du fleuve voyait précipiter, du pont Mathilde dans la Seine, un sac tout noirci contenant les derniers restes de la suppliciée.....

L'infamie était consommée, mais Rouen, témoin de ce forfait, criait d'une seule voix ·

— Une sainte ! On a brûlé une sainte !

La rumeur grandissait et, comme à la veille de la résurrection du Sauveur, les bourreaux pressentaient que leur victime leur serait dans sa mort même plus terrible que jamais !

Il fallait à tout prix conjurer le danger. Pour opposer une digue au flot montant de la réprobation universelle, Cauchon convoqua sept assesseurs et obtint de leur faiblesse ou de leur ignominie un procès-verbal supposé de la visite faite à la Pucelle le matin du 3o mai. Dans cette pièce, les inconséquences le disputent à l'absurde, et Manchon lui-même se refusa à l'authentiquer de sa signature.

Ce faux, ayant pour but de démontrer que Jeanne avait renié ses Voix, était aussi destiné à appuyer les démarches solennelles que l'Angleterre allait tenter, afin de faire admettre du monde catholique que la Libératrice de la France n'était qu'une sorcière justement condamnée aux flammes.

Le 8 juin, Henri VI envoie à l'empereur d'Allemagne, aux rois, aux ducs et à tous les

princes de la chrétienté une circulaire déclarant que la jeune fille, avant de mourir, a
reconnu ses erreurs et la fausseté de ses prétendues missions; puis, le 28 juin, une seconde
circulaire rédigée dans le même sens est
adressée par le roi anglais aux prélats, aux
ducs et autres nobles ainsi qu'aux cités de
« son » royaume de France. De plus, l'Université de Paris est chargée d'écrire sur le même
sujet au Pape, à l'empereur et aux cardinaux.

Malgré toutes ces belles protestations, les
juges de Rouen ne se sentent pas rassurés sur
les conséquences de leur œuvre, car dès le
12 juin ils ont sollicité et obtenu des lettres
de garantie, par lesquelles Henri VI les prend
sous sa défense et protection, dans le cas où le
procès qu'ils viennent de terminer serait attaqué
par une juridiction supérieure.

Ce luxe d'extraordinaires mesures n'empê-
chait pas les commentaires indignés de continuer à se faire jour; pour les arrêter on employa
les châtiments. C'est ainsi que le 8 août 1431
une sévère condamnation était prononcée contre
un Dominicain qui, le soir du supplice, avait
déclaré bien haut que les juges de la Pucelle
avaient mal agi.

Néanmoins, en face de l'activité que déployait
l'Angleterre pour ternir la mémoire de la vierge
de Domremy, nul acte, nulle protestation
n'émanait de la cour de France.

Ce n'est pas à dire que Charles VII fût indif-
férent au sort de Jeanne. Malgré l'abandon où
il la laissait, il se souvenait du secours qu'elle
lui avait apporté. A la nouvelle de sa mort,

il témoigna même une amère douleur, mais
La Trémoille et ses conseillers détournèrent sa
pensée, et tout en resta là.

Le Ciel pourtant n'abandonne pas celle qui
a mis en lui seul sa confiance. Les prophéties
de Jeanne verront bientôt leur accomplissement : la France chassera les envahisseurs et,
parmi les acteurs iniques du procès de Rouen,
plusieurs et non des moindres seront frappés.

Le prédicateur du Vieux-Marché, Nicolas
Midi, fut un des premiers punis ; les morsures
de la lèpre marquèrent bientôt du sceau de la
justice divine la chair de ce malheureux.

Le tour de La Trémoille ne tarda pas non
plus à venir. En 1433, blessé à la tête par une
épée, puis atteint dans l'abdomen d'un coup
de poignard, il fut emmené prisonnier par
des seigneurs français et ne recouvra sa liberté
qu'au moyen d'une grosse rançon. A partir de
cette époque il fut définitivement écarté de la
cour et du pouvoir, tandis que le connétable
de Richemont rentrait en grâce auprès du roi.

Peu après, Charles VII se réconcilie égale-
lement avec Philippe le Bon par le traité
d'Arras. En apprenant cette dure nouvelle, le
duc de Bedford est frappé au cœur : il meurt
à la fleur de l'âge, le 14 septembre 1435, en ce
château du Bouvreuil où sur son ordre avait
tant souffert la jeune captive.

La paix d'Arras secoua d'un frisson de bonheur
la nation française ; c'était là l'événement prédit
par Jeanne le 17 mars 1431, événement qui,
d'après les paroles mêmes de l'Inspirée, devait
ébranler tout le royaume.

HENRI VI, ROI D'ANGLETERRE

Mais l'héroïne avait fait encore cette autre déclaration prophétique :

— Avant sept ans les Anglais perdront un gage plus grand que celui qu'ils ont perdu devant Orléans : autant dire qu'avec lui ils perdront tout en France.

Il s'agissait de Paris. Or, près de six années s'étaient écoulées depuis le bûcher de Rouen, quand Richemont s'empara de la capitale. Les artisans de la tyrannie anglaise sortirent de la ville au milieu des lazzi et des huées; parmi eux se trouvait Cauchon à qui rien n'avait plus réussi après la mort de sa victime. Non seulement il s'était vu refuser le siège archiépiscopal de Rouen et avait dû se contenter du petit évêché de Lisieux, à lui attribué avant le procès de la Pucelle, mais il avait été excommunié au Concile de Bâle pour refus d'acquitter les sommes qu'il devait à la curie romaine. Plus tard il continua à travailler pour l'Angleterre et mourut subitement le 18 décembre 1442, en recevant, à Rouen même, les soins de son barbier.

Ses complices furent également frappés par la main de Dieu.

Le comte de Warwick, comme Bedford, expira prématurément dans ce château du Bouvreuil où il avait torturé la vierge de France.

D'Estivet, le promoteur cruel et grossier, étant revenu un jour dans la capitale de la Normandie, tomba accidentellement dans un bourbier où l'on retrouva son cadavre.

Quant au traître Loyseleur, après avoir été déposé de son canonicat à cause de son zèle

schismatique au Concile de Bâle, il fut obligé
de vivre pauvre sur la terre d'exil, en attendant
que l'apoplexie vînt le foudroyer.

Charles VII continuait à garder sur l'iniquité commise par les Anglais et Pierre Cauchon un silence indigne du trône de France;
il n'oubliait pourtant point les leçons pratiques
d'art militaire laissées par la jeune guerrière
à l'armée française. Jeanne d'Arc avait attaché
à l'artillerie une importance capitale; le roi
voulut, lui aussi, posséder une artillerie supérieure. Après plusieurs années d'efforts, il
parvint à se la procurer, et c'est grâce à elle
surtout qu'il obtint la suite de ses victoires.

Les troupes françaises volèrent de succès en
succès, et le 10 novembre 1449 le monarque fit
son entrée dans Rouen reconquis. Bientôt après
il battit les Anglais à Formigny en 1450; Bordeaux capitula le 12 juin 1451 et nous fut
repris par Talbot en 1452. Enfin les Anglais
furent définitivement vaincus le 17 juillet 1453
à la bataille de Castillon. Le 9 octobre suivant,
Bordeaux capitulait une seconde fois : sur tout
le continent les Anglais n'avaient plus que leur
ancien port de Calais. La dernière prophétie
de Jeanne était accomplie. Charles VII régnait
sur la France reconquise.

CHAPITRE IX

CHARLES VII S'OCCUPE ENFIN DE LA RÉHABILITATION DE JEANNE — CALIXTE III ORDONNE LA RÉVISION DU PROCÈS DE ROUEN — LE SOUVENIR DE L'HÉROÏNE A TRAVERS LES SIÈCLES — LE 27 JANVIER 1894 LÉON XIII DÉCLARE JEANNE VÉNÉRABLE — PIE X PROCLAME L'HÉROÏCITÉ DES VERTUS DE LA PUCELLE LE 6 JANVIER 1904 — LE SECRET DU SALUT PAR JEANNE D'ARC — LE CŒUR SACRÉ DE NOTRE-SEIGNEUR JÉSUS-CHRIST RÉGNANT SUR NOTRE PATRIE — « SAINTE JEANNE D'ARC, PRIEZ POUR NOUS ! »

Les souvenirs douloureux que renfermait la malheureuse cité de Rouen firent-ils impression sur l'âme de Charles VII, lors de son entrée dans cette ville? Toujours est-il qu'à ce moment le souci de l'honneur de Jeanne d'Arc semble s'être réveillé en lui. Désormais, il prit l'initiative d'un mouvement réparateur et ordonna à un savant docteur, Guillaume Bouillé, de faire dans Rouen une enquête sur tout ce qui regardait la Pucelle. Celui-ci s'acquitta à merveille de la mission qui lui était confiée et il rédigea ensuite un mémoire concluant à l'injustice de la sentence exécutée au Vieux-Marché.

A son exemple, d'autres hommes éminents vont également travailler à la réhabilitation de la vierge indignement flétrie.

C'est ainsi qu'en 1452 le cardinal Guillaume d'Estouteville, aidé de Jean Bréhal, inquisiteur de France, commença dans Rouen une seconde enquête. Les dépositions reçues ne laissèrent aucun doute sur l'existence de graves illégalités : une revision officielle du procès s'imposait.

Peu après, Charles VII, voulant d'ailleurs relever son honneur gravement atteint dans le premier procès (dont il connait les textes depuis la prise de Rouen), délègue vers le Souverain Pontife l'inquisiteur Jean Bréhal ; celui-ci, depuis deux ans, avait consacré à la cause de Jeanne d'Arc tout son talent et sa science juridique. Jean Bréhal était également porteur d'une supplique d'Isabelle Romée et de ses deux fils. Rome enfin allait parler. Calixte III, ayant examiné cette requête, promulgua un rescrit ordonnant la revision du procès de Rouen. C'est alors que commença le procès de réhabilitation de Jeanne d'Arc.

Les juges désignés à cet effet furent Jean Juvénal des Ursins, archevêque de Reims ; Guillaume Chartier, évêque de Paris ; Richard de Longueil, évêque de Coutances, et Jean Bréhal. Plusieurs enquêtes furent ouvertes simultanément à Domremy, à Orléans, à Paris, tandis que celle commencée précédemment à Rouen se renouvelait. La procédure dura huit mois, après lesquels les juges rendirent leur sentence.

Ils annulent de tous points ce qui a été fait contre Jeanne, déclarent les douze articles faux, calomnieux, non conformes aux réponses de l'accusée, constatent qu'elle s'est soumise à plusieurs reprises au Souverain Pontife, disent de l'abjuration de Saint-Ouen qu'elle est prétendue, fausse, mensongère, extorquée par force et par crainte, en présence du bourreau et avec menace du feu, sans que la Pucelle en ait eu préalablement connaissance ou l'ait même comprise; de plus, jugent que les deux procès de lapse et de relapse, entachés de dol, de calomnie, d'iniquité, de contradictions, d'erreurs manifestes de fait et de droit, ainsi que l'abjuration susdite, les exécutions et tout ce qui s'en est suivi, ont été, sont et demeureront nuls, non avenus, sans valeur et sans autorité, et que Jeanne ni les siens n'ont encouru ni tache ni note d'infamie; ordonnent enfin une double réparation publique au cimetière de Saint-Ouen et au lieu du supplice de Jeanne.

On se souvient qu'avant de mourir l'héroïne avait dit par trois fois devant le peuple assemblé, à ce même cimetière de Saint-Ouen : « J'en appelle à Notre Saint-Père le Pape! » Il était donc juste que les juges nommés par le Souverain Pontife vinssent là tout d'abord proclamer l'innocence de la vierge française.

L'Eglise avait lavé l'honneur de sa fidèle enfant et son souvenir se présentait intact aux siècles futurs. Ceux-ci passèrent et lui firent un sort bien inégal : on est étonné à certaines époques de constater que cette chère et noble mémoire tend à s'effacer dans l'oubli ou à se transformer dans la légende. Jeanne ne connut pas seulement l'oubli, elle eut aussi ses détracteurs, mais aucun ne mit dans cette tâche infâme plus d'ignominie que Voltaire.

Néanmoins, la masse demeura fidèle à son premier enthousiasme, et il survécut toujours

à travers les siècles un témoignage non équi-
voque en faveur de la sainteté de la Libératrice nationale.

On le retrouve dans les écrits de personnages
à l'esprit religieux et élevé, ainsi qu'en deux
démonstrations extérieures d'un culte persévérant, nous voulons parler de la magnifique
procession annuelle du 8 mai à Orléans et de
la chapelle de Notre-Dame de la Pucelle
(située à la lisière du Bois-Chenu) sur l'empla-
cement de laquelle s'élève maintenant la basilique de Domremy.

Mais c'est surtout pendant la seconde moitié
du xixᵉ siècle que la nation tout entière revient
à Jeanne d'Arc : on lui élève des monuments, son
nom est donné aux rues et aux places publiques,
elle est représentée dans les cortèges; nombre
de livres, de médailles, de gravures, de sta-
tuettes, d'objets d'art rappellent son glorieux
souvenir. Combien pourtant nous sommes
encore loin de l'enthousiasme que d'autres
peuples témoignent pour des héros nationaux
bien inférieurs à notre bonne Lorraine! Un
pays qui a donné naissance à un être incomparable tel que Jeanne d'Arc doit manifester à
la face de l'univers sa légitime fierté et traduire par les marques les plus évidentes son
amour et sa reconnaissance à l'égard de celle
qui s'est sacrifiée pour lui jusqu'au martyre.

Une seule gloire manque à Jeanne d'Arc :
l'auréole des saints. En 1869, Mᵍʳ Dupanloup,
évêque d'Orléans, faisait auprès de Pie IX la
première démarche officielle et lui demandait
d'accorder à « Jeanne d'Arc les honneurs que

JEANNE ET LA FRANCE (Groupe de MERCIÉ, à Domremy.)

l'Eglise décerne aux bienheureux ». A sa voix se joignit celle de tous les évêques de France et de nombreux prélats étrangers ; les enquêtes et les procès ecclésiastiques se multiplièrent.

Plus tard, la Sainte Eglise, par l'organe de Léon XIII, reconnut qu'il y avait lieu de commencer le procès de béatification de la Pucelle, et le 27 janvier 1894 le Pape signait l'introduction de la cause et prononçait ce mot profond : « Jeanne est nôtre. »

Pie X a succédé à Léon XIII ; autant que son illustre prédécesseur, il a pris à cœur la grande cause de celle qui, suivant ses propres paroles, *brilla comme un astre nouveau destiné à être la gloire, non seulement de la France, mais de l'Eglise universelle.*

Le 6 janvier 1904, Notre Saint-Père le Pape déclara solennellement l'héroïcité des vertus de Jeanne d'Arc, puis l'Eglise commença le procès des guérisons récemment obtenues par l'intercession de la sainte héroïne. On sait, en effet, que l'Eglise, avant d'inscrire un nom au catalogue des habitants du ciel, ne se contente pas seulement d'examiner si la personne dont il s'agit a, de son vivant, exercé héroïquement les vertus chrétiennes, accompli des œuvres extraordinaires, miraculeuses même, mais elle veut, de plus, mettre à l'épreuve son pouvoir auprès de Dieu par des faits récents et officiellement constatés. C'est pourquoi, devant une Commission mixte, composée de théologiens et de médecins, on étudie avec une grande sévérité les relations de guérisons que les fidèles prétendent avoir obtenues par l'intercession de ceux dont le Souverain Pontife a introduit la cause.

Pour ce qui regarde Jeanne d'Arc, la Cong. des Rites a retenu et approuvé trois guérisons opérées en 1891, 1893 et 1900 en faveur de trois religieuses des diocèses d'Arras, d'Evreux, et d'Orléans, qui, atteintes de maladies incurables, s'étaient adressées avec confiance à la vénérable Jeanne d'Arc.

C'est le 13 décembre 1908 que S. S. Pie X a rendu le décret approuvant solennellement ces trois miracles.

Les dernières formalités ecclésiastiques ont été ensuite remplies, et le dimanche de Quasimodo, 18 avril 1909, devant la presque totalité des évêques de France, et un concours de pèlerins français comme jamais jusqu'à présent la Ville Eternelle n'en avait vu, Jeanne d'Arc a été solennellement proclamée bienheureuse dans la basilique de Saint-Pierre de Rome.

Les Français peuvent donc, maintenant, élever des autels à leur libératrice; et c'est légitimement qu'ils attendent d'elle le salut de leur nation, car Notre Saint-Père le Pape, en proposant la bienheureuse à leur culte, n'a pas hésité à déclarer qu'il mettait en elle l'espoir d'un prochain et complet triomphe de l'Eglise de France.

Pour arriver à ce résultat il faut connaître la vie de Jeanne, il faut imiter son geste.

Les moyens mis en œuvre par l'Envoyée de Dieu n'ont rien perdu de leur efficacité providentielle. En tête de ces salutaires enseignements, vient la prière, supplication confiante et vive que rien n'arrête jusqu'à ce qu'elle ait touché le cœur du Père céleste : non seulement la prière privée, mais celle aussi qui se fait en public et surtout dans les cérémonies officielles du culte.

La correction des mœurs, ordonnée par le Décalogue et telle que la Pucelle la demandait aux soldats comme au peuple, est, après la prière, absolument nécessaire pour apaiser le Ciel irrité par nos crimes.

Aux puissants de cette terre et aux classes dirigeantes, la douce vierge prescrit, au nom de Dieu, l'oubli de tout ce qui les divise, afin qu'unis dans un même dévouement tous consacrent leurs forces à la défense de la commune patrie.

Le devoir des prêtres est, selon la recommandation de la sainte jeune fille, de remplir avec zèle leur ministère, d'amener les fidèles à la fréquentation des sacrements. Ils doivent prêcher les bienfaits du pardon du Sauveur et les avantages précieux de la Sainte Eucharistie, nourriture surnaturelle offerte chaque jour par la Sainte Église, aliment indispensable à ceux qui veulent se dévouer et peiner pour le relèvement de leur pays.

Les âmes généreuses qui useront de ces puissants moyens deviendront ainsi le bataillon sacré, espoir de la patrie. A la suite de l'héroïne elles reconnaîtront la royauté du Christ sur la France et sur le monde, et, pour attirer plus facilement les foules à Jésus, elles leur montreront son cœur aimant et feront reposer sur ce suave emblème de la divine charité la couronne royale, signe sensible et extérieur de la soumission de la fille aînée de l'Eglise à son Sauveur et vrai Souverain.

Lorsque le recrutement de cette troupe d'élite s'achèvera, l'heure de la victoire ne tardera pas à sonner.

Jamais, nous le savons, la guerrière intrépide ne regarda le nombre de ses soldats :

— Ils sont toujours assez, disait-elle, s'ils combattent sans faiblir et en s'appuyant sur Dieu !

Verrons-nous bientôt la formation de cette armée libératrice? Celle-ci, guidée, entraînée par son invisible protectrice, marchant à de rapides conquêtes, nous donnera t-elle, avant le cinq centième anniversaire de la naissance de la Pucelle, le merveilleux spectacle de la réalisation du plan divin inspiré à la vierge de Domremy?

Quel bonheur sans égal si nous pouvions chanter ce jour-là — le 6 janvier 1912 — le *Te Deum* d'actions de grâces pour la nation délivrée par son retour au Christ, et terminer l'hymne d'allégresse par cette invocation qui de nos cœurs aspire à passer sur nos lèvres :

« Sainte Jeanne d'Arc, patronne de la France, priez pour nous! »

TABLE DES MATIÈRES

DEUXIÈME PARTIE

TRIOMPHANTE ET MÉCONNUE

TROISIÈME PARTIE

TRAHIE ET VENDUE

QUATRIÈME PARTIE
MARTYRISÉE ET GLORIFIÉE

TABLE DES GRAVURES

Imp. P. FERON-VRAU, 3 et 5, rue Bayard, Paris, VIIIe

HAGIOGRAPHIE ET BIOGRAPHIE

La Mère Marie de Jésus, *fondatrice des Petites-Sœurs de l'Assomption garde-malades des pauvres à domicile*. Avec préface du T. R. P. EMMANUEL BAILLY, Supérieur général des Augustins de l'Assomption. Un vol. in-8° de 600 pages, avec plusieurs gravures; broché, 3 fr. 50; port, o fr. 55.

Soldats de l'Église, par GEOFFROY DE GRANDMAISON. In-8°, 390 pages, 64 portraits, autographes et vues. Broché, 5 francs; relié luxe, 8 et 10 francs; port, o fr. 75.

Un Disciple de saint Vincent de Paul *au xix° siècle: Adolphe Baudon (1819-1898)*, par l'abbé SCHALL. *Ouvrage couronné par l'Académie française*. In-8°, 740 pages, avec portrait; broché, 4 fr. 50; port o fr. 55.

Philibert Vrau et les Œuvres de Lille, par Mgr BAUNARD. In-8°, 400 pages avec gravures, 2 fr. 50; port, o fr. 40.

Ernest Hello, *sa vie, sa pensée, son style*, par JOSEPH SERRE. In-12, 420 pages; franco, 3 fr. 50.

Un Chevalier Apôtre, *Célestin-Godefroy Chicard, missionnaire au Yun-Nan*, par le P. J.-E. DROCHON. In-8°, 438 pages avec gravures; relié, 4 francs; tranches dorées, 4 fr. 50; port par poste, o fr. 85.

Sainte Clotilde, par l'abbé L. POULIN. In-12, 412 pages, broché, 2 fr. 50; port, o fr. 35; relié, 4 francs; port, o fr. 40.

Saint Vincent Ferrier, par le R. P. FAGES, des Frères Prêcheurs. 2 vol. in-8° de 508 et 554 pages; brochés, 5 francs; port, o fr. 60.

Un Gentilhomme apothicaire: *M. de la Garaye*, par ERNEST JAC. Préface de RENÉ BAZIN, de l'*Académie française*. In-16, 196 pages avec gravures; broché, 1 franc; port, o fr. 10.

Histoire populaire de saint Julien, *premier évêque du Mans*, par Dom PIOLIN. In-16, 225 pages; broché, o fr. 50; port, o fr. 10; relié, o fr. 75; port, o fr. 15.

Saint Vincent de Paul, *Nouvelle Vie populaire*, par Mgr HENRI DEBOUT. In-16, 155 pages; broché, o fr. 50; port, o fr. 10; relié, o fr. 75; port, o fr. 15.

Saint Jean-Baptiste de la Salle, par le R. P. BAINVEL, S. J. In-16, 200 pages; broché, o fr. 50; port, o fr. 10; relié, o fr. 75; port, o fr. 15.

Les ports poste sont doublés pour l'étranger.

5, RUE BAYARD, PARIS, VIII°